「戦略力」が身につく方法
「現場を動かす力」とは何か

Takahisa Nagai
永井　孝尚

PHP
Business Shinsho

PHPビジネス新書

はじめに

「全社プロジェクトなのに、しかもあれだけ明確な方針を示して丁寧に説明したのに、なんで誰も動いてくれないのだろう？」

二十五歳の私は、机の上で頭を抱えていた。

一九八〇年代後半。私が勤務するＩＢＭは、世界中で一〇〇〇以上の製品を開発していた。一方で日本語対応など、各国独自の要望も急増していた。そこで年二回の事業計画に合わせて、全ＩＢＭ製品に対して各国の要望を取りまとめる全社プロジェクトが始まった。私はアジア地域担当として仕組みを作り、動かすことになった。

マネジメントと話し合い、方針と目的を決め、業務プロセスを作り、必要なアジア地域の各製品マネージャーを任命してもらい、役割を明確に決めた。作業スケジュールを決め、メンバーを集めて説明会を実施し、理解を徹底した。

しかし、お願いしたスケジュール通りに動いてくれたのはごく一部の人だけだった。八割以上の大多数は動かない。期限が過ぎてから個別に電話をしても、誰もが「何だっけ？

あ、あの件ね。まだやっていないんだ。いつまでだっけ？」という答え。

若かった私は無力感に襲われた。しかし悲観的になったり怒ったりしても、何ひとつ変わらない。そこで私は、彼らが動こうとしない理由を探ってみることにした。

誰もが例外なく「非常に多忙だ。だから後回しになる」と答えた。実際、製品マネージャーは極めて多忙だ。緊急性の高い仕事をたくさん抱え、毎日深夜まで会社に残って仕事をしている人も多かった。私の依頼事項は全社プロジェクトにもかかわらず、どうやら彼らにとって優先順位が低いらしい。放っておいても当面は問題ないからだ。超多忙な彼らにお願いするのが、そもそも無理だったのか？

私は、彼らが優先順位の上位に挙げる仕事を探ってみた。すると、そこには共通する仕事があった。顧客から日々寄せられる製品トラブルへの対応だった。個別トラブルは顧客担当セールスや製品サポート窓口が対応している。しかし製品仕様が絡《から》むトラブルは、海外の製品開発研究所に依頼しない限り解決できない。これらはアジア地域の製品企画責任者である、製品マネージャーが最終責任者だったのだ。

それまで頭を抱えていた私は、ここでひらめいた。

「彼らにとって最優先の仕事となっている製品トラブルを解決すれば、私の依頼に最優先で対応してくれるはずだ」

幸い私の業務では、米国本社のトップである製品開発責任者に全体のプランをまとめて報告することになっていた。そこで製品マネージャーから寄せられた製品トラブルも米国本社にまとめて報告し、責任を持ってフォローしてもらうことにした。

新しい仕組みを作ると、製品マネージャーの対応は一変した。

「永井経由で本社に頼めば、製品の問題が解決できる」

製品マネージャーたちは、私の依頼に最優先で対応してくれるようになった。

「結局、人を動かすのは顧客の声なのだ」ということを私は学んだ。

「事業部の最優先課題で、しかもサポート体制も万全なのに、なぜ現場は動こうとしないのだろう？」

その二十年後、四十代後半になった私は、また机の上で頭を抱えていた。

二〇〇〇年代後半、マーケティングマネージャーになっていた私が所属する事業部は、製品事業部が一〇近くあり、三〇〇〇以上の製品を抱えていた。しかし売上の大半は長年販売してきた一部の既存製品群に依存し、販売実績は伸び悩んでいた。一方で日本以外では、新製品群の売上比率が高く成長している。日本の売上構成比を、既存製品から新製品にシフトすることが最優先課題だったのだ。

そこで各製品事業部のマーケティングマネージャーと手分けして市場分析を徹底的に行って戦略を策定、トップマネジメントからは「新製品群を重点的に顧客に販売するように」という明確なメッセージを出してもらい、顧客へのプロモーションやセールスへの製品説明会も繰り返し実施した。さらに販売状況もセールス部別に「見える化」し、定期的に進捗《しんちょく》状況を把握して、進捗しない場合は責任者に対応策を検討してもらうようにした。さらにセールス向けに、顧客ごとの案件相談会も実施した。

しかし、新製品群の売上構成比の伸びは緩慢。認知度も低いままだった。一方で、既存製品は顧客からの引き合いが相変わらず強かった。現場のセールスは売りやすい既存製品を売っていたのだ。

数年後、「お客様からの引き合いが、ここ数カ月で強くなってきた」という声が届き始めた。これまで数年間、継続してきた努力の蓄積も一つの理由だ。しかしグローバル化の波が日本にも届き、市場が徐々に変化し始め、多くの顧客が新製品群を求めるようになってきたことも大きかった。

「顧客から求められない限り、現場のセールスは動けない」

考えてみれば当たり前のことを、私は改めて実感した。

私は日本IBMに新卒入社してから三十年間、製品プランナー、プリセールス、製品開発マネージャー、マーケティングマネージャー、人材育成責任者とさまざまな仕事をしてきた。しかし立場は変われども、一貫して仕事の進め方は「戦略を立てて、自ら実践する企画屋」だった。製品戦略、セールス戦略、事業戦略、人材育成戦略といった戦略を立案し、責任者として実行することで、成果を上げてきた。

しかし一方で、冒頭の二つのケースのように、戦略は立てたものの現場がなかなか動かないということも数多く体験してきた。状況を分析して、戦略と実行計画を作り、関係者にも根回しをする。しかし現場は動かない。そこで考える。少し現場が動く。さらに考える。次第に現場が動き出す。この繰り返しだった。

アカデミーの学者やコンサルタントの立場ではなく、企業の中での実務担当者として、実際にビジネスの現場で成果を上げる戦略とはどのようなものなのかを私は身をもって学んできた。

どのようにきれいな戦略や企画も、立てるだけではまったく意味がない。戦略は実行され成果を上げて、初めて価値を生み出す。たとえお金をかけて、最新理論を活用し手間をかけて精緻《せいち》に作った戦略であっても、実行されない戦略は、単なる紙くずなのだ。

戦略が成果を生み出すには、企業の中にいる戦略プロフェッショナルに「現場を動かす力」が求められる。日本の現場力は世界最強。しかし現場主導だけでは限界があるのは、戦略を持たずに現場任せだった「失われた二十年」の日本の現状を見れば分かるのではないだろうか？　優れた戦略を策定して、現場が戦略的に動き出してこそ、日本は変わっていく。

そして現場が動くためには、顧客中心主義で、顧客のことを徹底的に考え抜き、かつ現場が腹落ちする戦略が必要なのだ。

しかし、このようにおっしゃる方もおられるだろう。

「ちょっと待って欲しい。顧客中心主義が大事なのは分かる。しかし顧客の言いなりになって価格競争に陥《おちい》ったことが、日本が二十年間低迷している一因ではないのか？」

まったくその通り。だから私は、「顧客中心主義」を本書の一貫したテーマとした。顧客の言いなりになるのは「顧客絶対主義」だ。「顧客絶対主義」は、「顧客中心主義」とは似て非なるものだ。

「顧客絶対主義」とは、顧客を絶対と考え、たとえ間違っていても従う考え方だ。しかし顧客の言いなりになっている限り、絶対に顧客の期待を超えるものは提供できない。現代は、自分の期待値を超えるものでないと、顧客はお金を出さない。加えて、顧客は自分が欲しいものをすべて知っているわけではない。「顧客絶対主義」は、現代では神通力《じんつうりき》を失っている。

「顧客中心主義」とは、顧客を大切なパートナーと考え、顧客の期待値を常に上回ろうとする考え方だ。顧客自身が気がつかない課題を解決し、それにより顧客を大きく感動させる。

「そんなことが可能なのか？」と思われるかもしれない。しかし古くはソニーのウォークマン、最近ではＡｐｐｌｅのｉＰｈｏｎｅ、ｉＰａｄなど、いずれも登場前は、このようなものが欲しいとは誰も思っていなかった。これらは、顧客の言いなりにならずに、徹底的に顧客中心主義で考えた末の産物なのだ。

逆説的であるが、戦略を考える際に現場の協力が必要だからといって、現場を動かすことだけを考えていては、決して現場は動かない。顧客を中心に、戦略的に考え、現場を巻き込んでいくことが必要だ。そこで本書は、以下の構成で紹介していく。

第1章「顧客を理解する力」は、ビジネスの出発点である「顧客」という概念を理解するための方法を取り上げる。

第2章「市場と顧客を洞察する力」は、市場と顧客を事実に基づいて理解し洞察するための方法を取り上げる。

第3章「現場を動かす戦略を構築する力」は、ビジネスの現場で、現場を巻き込み、現場とともに動いていく戦略を構築するための方法を取り上げる。

第4章「戦略を実践する力」は、現場を巻き込んだ戦略を実践するための具体的な方法を取り上げる。この章は、「マーケティングミックス」と呼ばれる4つの「P」で始まる要素、すなわち「Product：製品」「Price：価格」「Place：チャネル（セールス）」「Promotion：プロモーション」に基づいている。

第5章「戦略を検証し、改善する力」は、戦略を柔軟に修正し、進化を図るための方法を取り上げる。戦略は絶対ではない。戦略は仮説である。策定時に想定していた状況は刻一刻と変わる。だから、状況に合わせて戦略は柔軟に修正する必要があるのだ。

第6章「自分の『戦略力』を育てる」は、現場を動かす「戦略力」を自ら育てて身につけていくための方法を取り上げる。

本書の対象読者は、戦略・企画担当者に限らない。企画力が問われているマネージャー、現場のリーダー、さらに将来そのような立場を目指して日々仕事をしている若手ビジネスパーソンも対象だ。加えて、戦略を考え、現場を動かし、成果を出そうと日々苦闘しているすべてのビジネスパーソンも対象読者である。

本書が世の中にあるマーケティングのビジネス書と一線を画《かく》するのは、繰り返しになるが、私がアカデミーやコンサルタントの世界の人間ではなく、企業に長年勤務し、ビジネスの現場で実務を通じて格闘してきたビジネスパーソンである点だ。だから本書は、私の経験を主体に、マーケティング理論や経営理論を活用しつつ、実際の仕事で役立てることを目的に書いている。

私は仕事を通じて、現場にいる人は誰よりもビジネスの課題を熟知していると実感している。しかし日本のホワイトカラーの現場では、直面する問題を整理し、戦略を作り、解決策をまとめて実行する力は、残念ながら育ててこなかった。実はこのような力は、本を読んだりMBAで学ぶだけでは身につかない。方法論を学び、現場で実践することでのみ、身につけることができる。そして現場の人たちが戦略立案力を身につければ、日本の企業が抱える多くの課題は解決可能なのだ。

そこで本書では、私が外資系企業において三十年間試行錯誤《しこうさくご》しながら学んできた「戦略力」をいかにして身につけ、日々の現場で実践していくかをご紹介するように心がけた。「戦略」は机上の論理を越えて、現場に届き、現場が動いてこそ初めて価値を生み出すのだ。

日本企業が持っている強みは「顧客中心主義」と「徹底した現場主義」だ。

日本人の顧客中心主義は、古くは江戸時代の思想家であり石門心学《せきもんしんがく》の祖である石田梅岩《いしだばいがん》にさかのぼる。梅岩は「商人の主《あるじ》は天下の人々であり、商人はこの天下の人々のために尽くさなければならない」と説《と》いた。

また、現在日産自動車のCEOを務めるカルロス・ゴーンも「日本の強みは現場力」と言っている。

いつの間にか「顧客中心主義」は安易な「顧客絶対主義」に置き替わり、「徹底した現場主義」は「戦略なき迷走」に陥ってしまった。しかし現場の力がダントツに強く、顧客中心主義が遺伝子に組み込まれている日本企業だからこそ、現場が顧客のことを考えて戦略的に動けば、必ず自らが持つ強みを取り戻し、世界最強になれるはずだ。

本書がその一助になることを願ってやまない。

永井孝尚

「戦略力」が身につく方法

contents

はじめに

第1章 顧客を理解する力

第2章

市場と顧客を洞察する力

第3章

現場を動かす戦略を構築する力

第4章 戦略を実践する力

第5章

戦略を検証し、改善する力

第6章 自分の「戦略力」を育てる

第1章

顧客を理解する力

1 顧客のすべての要望に応えても、顧客は絶対に「すごい」とは言わない

「いいか。お客様には絶対に『できません』と言うなよ。必ず『大丈夫です。できます』と言うんだ」

二十年前、ある地方の顧客を初めて訪問する前に、そのセールス部長は私にこう厳命した。

当時、私は三十歳で製品プランナー兼セールス担当だった。その前年、私が企画を立ち上げた製品が出荷された。企業の社員向けにeメール管理をする製品だ。二十年後の今でこそ、eメールは当たり前に誰もが使っている。しかし一九九〇年代前半の当時、インターネットはまだ誰も知らなかった。そんな中、先進企業は生産性向上のためにeメールの導入を検討していた。そこで私は製品プランナーとしてこの製品を企画し、一年かけて製品は開発され、無事出荷された。

しかしタイミング悪く、ちょうどバブルが弾《はじ》けた直後だった。巨費を投じて開発した製

品だったが、企画時に導入を予定していた顧客のプロジェクトはことごとく中止になり、販売数は予定よりもはるかに少なかった。そこで製品を企画した私は責任を取る形でセールスを兼任することになり、日本全国を飛び回り、見込み客への製品説明に奔走《ほんそう》していた。

そんな中、私は研究所の若手セールス担当者として、顧客に説明にやってきたのだ。顧客はeメール管理システムの導入を検討中だったが、そもそもeメールがどのようなもので、何なのかが分からない。そこで、説明する場がセッティングされたのだ。

件《くだん》のセールス部長は、脂が乗り切った四十代中頃のベテラン。「せっかくお客様がやる気になっているのに、研究所から頭が固い若造が来て『あれもできない、これもできない』と言われたら困る。最初にキッチリと釘を刺しておこう」と気を回してくれたのだろう。それが冒頭の言葉だった。

顧客への説明が始まった。顧客は情報がなくて困っていたようだ。今のように分からないとすぐネットで検索、ということはできない時代だ。さまざまな質問をしてくる。そもそもeメールとはどうあるべきか？　どのように使えばよいのか？　運用管理方法は？　信頼性をいかに確保するか？　いずれも私が製品企画段階から、開発チームとともに考え抜いてきたことばかりだったので、すべて答えることができた。

しかし途中で、対応できない要望が出た。顧客が技術的な誤解をしたためだ。会議室の一番後ろに座っている「絶対に『できません』と言うなよ」と釘を刺したセールス部長と一瞬、目が合った。しかし、真剣に質問する顧客に対しては率直かつ誠実に答えることが礼儀である、という私の考えは変わらなかった。

「それはこういう理由で対応できませんが、このような形で別の方法で対応することは可能です」と代替案を示して答えた。

「おお、なるほど」と一同は大きく納得した。もしかしたらその顧客は、「大丈夫。すべて必ずできます」というお決まりの答えに慣れていたのかもしれない。それから会議の流れが変わった。できること、できないこと、代替案、それらを議論しながら会議は予定時間をオーバーし、二時間が経過した。顧客は新システムを導入しようという機運になった。

その数カ月後、プロジェクトは無事成約した。そしてこのシステムは地域の一大プロジェクトになり、現場の多くの人たちを巻き込んで成長していった。

もし私が顧客に直接会わずに、このセールス部長の話だけを聞いていたら、どうだっただろう？　このセールス部長はセールスのプロだったが、eメール管理システムのプロではない。顧客の悩みは理解できなかっただろう。そして私はこのセールス部長から「お客様はこう言っている。製品でちゃんと対応して欲しい」という山のような要望をもらい、個別対応に追われることになっただろう。もし、必死にすべての要望に個別対応したとして、顧客の要望は満たせただろうか？　おそらく顧客は満足せず、成約にも至らなかっただろう。製品担当の私が顧客に会い、顧客の悩みを直接聞き、直接答えたから、成約できたのだ。

この例のように、顧客の要望が常に正しく適切であるとは限らない。

「それは例外じゃないのか？」と思う方もおられるかもしれない。しかしそのように思っている人も、画期的な商品を見て「あ！　そうそう、まさにこういう商品が欲しかったんだ！」と自分がそのようなニーズを持っていたことに初めて気づいたという経験があるはずだ。

たとえば、スマートフォン。かつての「ガラパゴス携帯」と呼ばれている携帯電話と比べて、機能も使い勝手も格段に上がっている。スマートフォンに慣れてしまったユーザーは、昔の携帯電話にはもう戻れないだろう。しかしスマートフォン登場前の携帯電話に慣れていたユーザーは、「Ａｐｐｌｅが新しく電話を開発する」と発表した時、「今の携帯電話で十分だ。そもそもＡｐｐｌｅのｉＰｈｏｎｅはボタンもないし」と思っていたはずだ。iPhoneに代表されるスマートフォンが出てきたことで、それまでの携帯電話の使い勝手の悪さに気がついたのだ。

ここである鶏肉加工工場の例を紹介したい。この工場では、作業員は手作業で鶏モモ肉の骨を外していた。傍《はた》から見ているととても非効率的だ。しかしそのことを指摘すると、熟練作業者は「この業界では、何十年も前から手で骨を取り出している。それ以外の方法を考えること自体、ばかげている」と言う。

そこで、ある機械製作会社の担当者は、「自動脱骨機を作ろう」と考えた。当初は否定的だった顧客も、自動脱骨機のデモを見て、商品の価値を一目で理解した。そしてこの商品は大ヒット商品になった。これは前川製作所の「トリダス」という商品だ。ここから学べることとは、「自動で脱骨する」という顧客ニーズは存在していたものの、顧客はそのニーズに気づいていなかったということだ（参考文献⑴）。

私たちは、「顧客がすべてだ。顧客はあらゆることを知っている。だから一〇〇％、顧客が言う通りにすればよいのだ」と考えがちだ。しかしこのような「顧客絶対主義」は間

図1　顧客絶対主義 vs. 顧客中心主義

顧客絶対主義	顧客中心主義
お客様は神様	お客様は大切な人
お客様は 絶対正しい	お客様は 間違える
すべての要望に 応える	気づかない要望に 応える
「当たり前」 と言われる	「すごい」 と言わせる
価格で勝負	価値で勝負

違っているのだ。たしかに顧客の声に真摯《しんし》に対応していくことは重要だ。しかし冒頭の私の体験や、このトリダスの事例の通り、顧客の言いなりになることは必ずしも正しくない。顧客は課題を持っているが、その課題を自分で認識しているとは限らないからだ。

「顧客絶対主義」は、お客様は神様であり、絶対正しいと考え、すべての要望に応《こた》えようとする。昔は市場が成熟していなかったし、競争も今ほど激しくなかったので、これでも問題はなかった。しかし現代では競争が激しく、顧客は多くの選択肢を持っている。すべての要望に応えても「当たり前」と言われるし、他社を選ぶこともできる。言いなりになるだけでは、結局他社と差別化できず、価格で勝負せざるを得ないのだ。

「顧客中心主義」は、「顧客絶対主義」とは似て非なるものだ。お客様は神様ではなく、「大切な人」と考える。大切な人であるが、間違えることもある。だからすべての要望に応えるのではなく、顧客が気づかない大切な要望に応えるようにする。そして顧客の期待値を上回って、顧客に「すごい」と言わせる。つまり「価格」で勝負するのではなく、「価値」で勝負するのだ。トリダスはまさに「顧客中心主義」を実現した例だ。

「トリダス」のように、顧客に見せれば価値が一目瞭然《いちもくりょうぜん》で「まさにこれが欲しかった！」と言っていただける商品を開発していくべきなのだ。そのためには、顧客自身も気づかない課題を発見し、顧客が知らなかった解決方法を提供していくことが求められる。

喜悦大学大学院ビジネス創造研究科研究科長の黒瀬直宏教授は、次のように語っている（参考文献(1)）。

「問題」こそ潜在ニーズのたまり場である。ところが、顧客の多くは「問題」に慣れてしまい、「問題」を「問題」と意識しなくなっている。それを第三者の目で気づかせる。「お客さんが必要としているのはこういうことではないですか」という具合だ。提案はご用聞きと違い、高度な能力が必要だ。

私たちは「顧客から相談された問題をいかに解決するか？」という受動的な思考方法から、「顧客がまだ気づいていない問題を見つけ、その解決策をどのように提案するか？」という能動的な思考方法に、大きく変えていく必要があるのだ。

2 顧客に期待以上のサプライズを届けるために、全力を尽くしているか？

あなたのご自宅にあるテレビやDVDプレイヤーのリモコンを思い出して欲しい。どのような形になっているだろうか？

おそらく、ボタンが数十個あり、それぞれのボタンに細かい機能が割り振られ、どのメーカーも区別がつかないほど似たデザインになっているのではないだろうか？　たしかに機能はたくさんあるが、私にはすべてを使いこなせない。海外の人は、このリモコンを見ると「飛行機の操縦室みたいだ」と驚くらしい。

これは家電メーカーが、顧客の一つひとつの要望に真面目《まじめ》に対応し、真剣に作った結果なのだろう。しかし機能過多だ。盛り込んだすべての機能は十分に使いこなせないし、使い勝手も必ずしもいいとは言えない。さらに、どのメーカーも似たようなデザインだ。私には、現在の日本の家電メーカーが作るリモコンのデザインは、テレビやDVDプレイヤーが差別化できずに価格競争に陥っている現在の状況を象徴的にあらわしているように思えてならない。

しかし同じリモコンでも、あるメーカーが作ると、図2のようになる。ボタンは三つだけだ。

これはAppleが開発したApple TVのリモコンだ。私は休日にこのApple TVを使ってネット経由で映画を観ている。操作は極めてシンプル。リモコンを見ずに操作できるし、使い勝手は最高だ。

Apple TVのリモコンは、顧客の要望は聞くものの、言いなりにならずに、Appleならではの強さ、つまりユーザーインターフェイスの洗練度を高めて作ったものな

図2　Apple TVのリモコン

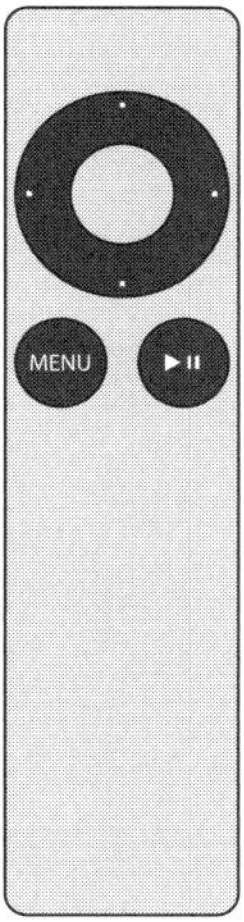

図3　スマートビエラのタッチパッドリモコン

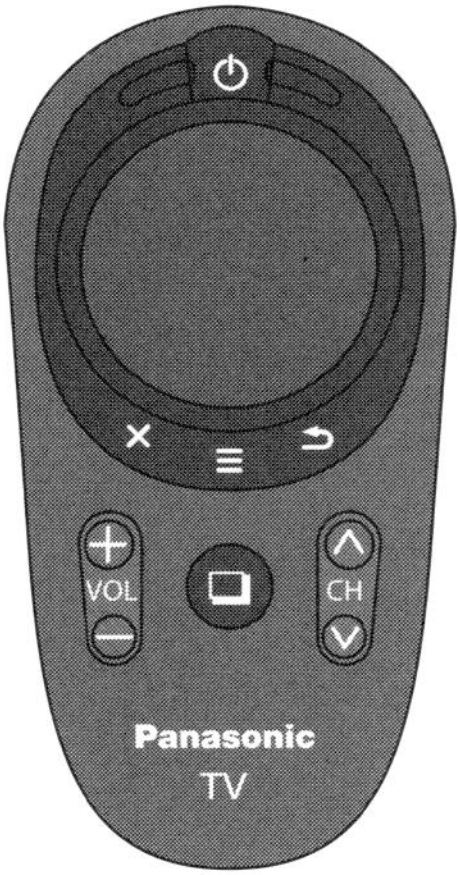

のだろう。面白いことに、あえて顧客の言いなりにならず、しかし顧客の使い勝手は徹底的に考えたことで、逆にシンプルで使いやすくなっているのだ。私はこの使いやすさにとても満足している。

実は、日本の家電メーカーでもチャレンジしているところがある。パナソニックだ。スマートビエラでは新たにタッチパッドリモコンを開発した。話しかけるだけで文字入力やＷｅｂページへの移動が簡単にでき、指で操作してマウスのように使える（図３）。

私たちは、「顧客満足度を徹底的に高めれば、必ずビジネス成果に繋《つな》がる。だから顧客満足度を高めるために、あらゆる要望に応えよう」と考えがちだ。

たしかに顧客はビジネスの出発点。顧客満足は大切だ。しかし顧客のあらゆる要望に応えることが、顧客満足を高める唯一の方法ではない。むしろ顧客の言いなりになっている限り、なかなかビジネス成果に繋がらない。

このことは「顧客満足とは何か」を考えれば分かるのだ。顧客満足は次の式で決まる。

顧客満足 ＝ 顧客が感じた価値 － 顧客の期待値

つまり、顧客満足は、顧客が感じた価値が期待値を上回った場合に生じる。そして感じた価値と期待値の差が大きいほど、顧客満足は大きくなる。

図4を見て欲しい。右の顧客満足の式を図示したものだ。現代では顧客の期待値はますます高くなっている。さらに顧客にとって選択肢は増える一方だ。このような時代、一〇〇の期待値を持っている顧客に対して七〇の価値しか提供できない場合は、どうだろう？おそらく顧客は「問題外」として取り合わないはずだ。「残念なサービス」になってしまうのだ。

図4　顧客の期待値を、大きく超えることが求められている

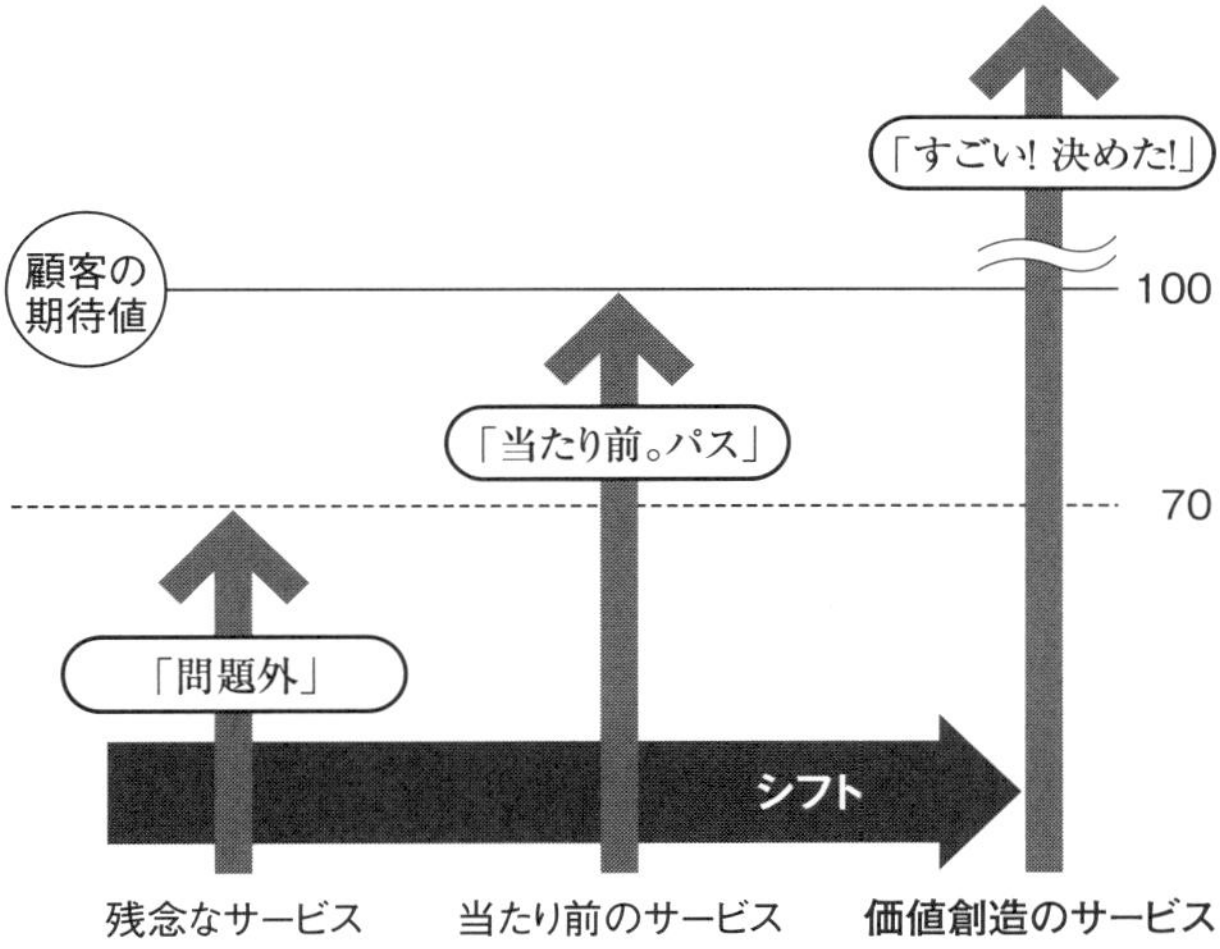

では顧客の期待通り、一〇〇の価値を提供した場合はどうか？　おそらく顧客は「当たり前」と考え、やはり選択肢から外すだろう。顧客の言いなりになっている限り、顧客の期待値以上の価値は絶対に提供できない。かつてはモノが不足していたから、顧客の期待値を満たせばよかった。しかし現代では、顧客の期待値を大きく上回る価値を提供することが求められているのだ。

現代では顧客の期待値一〇〇をはるかに上回る価値を感じた場合にのみ、顧客は「すごい！」と感じて身銭を切るのだ。これが「価値創造のサービス」だ。現代では、これを提供できる企業しか生き残れないのだ。

そしてあらゆる業界において、求められる満足度は図の左から右にシフトしている。あらゆる市場で、競争はますます激化しているのだ。

このように考えると、顧客満足を高めるためには、顧客の期待値を把握し、働きかけ、その期待値を上回る価値を提供し続けることが必要なことが分かる。しかし次のようになりがちだ。

- 顧客の期待値が分からない。
- 分からないので、顧客の期待値に働きかけられない。
- 断片的な要望を期待値と考え、個別対応し、過度な期待をさせてしまう。
- 価値が期待値を上回らず、満足を得られない。

では、どうすればよいのか？

イトーヨーカ堂の亀井淳《あつし》社長が、二〇一三年七月八日の日本経済新聞夕刊のコラム「こころの玉手箱」に、参考になるエピソードを書いておられたので、紹介したい。

亀井社長は、巨人軍黄金期を支えたスーパースター、金田正一・長嶋茂雄・王貞治の三名連名のサインボールを持っておられる。巨人軍関係者もこの三名のサインが入ったボールは見たことがないそうだ。では、なぜ亀井社長は、このボールを持っているのか？

亀井社長は、金田さんと家族ぐるみの付き合いをしていた。ある日、金田さんから「長嶋に会いに宮崎キャンプに行こう」と連絡があり、宮崎で三人で食事。その際、金田さんは長嶋さんからボールを一つもらい、長嶋さんと自分のサインをし、そのままポケットに入れてしまった。てっきりもらえるものと思った亀井社長は、肩を落とした。

夕方、東京に戻ろうとすると、金田さんは「ちょっと沖縄に行ってくるよ」と突然消えた。一緒に戻ると思っていた亀井社長は、ここでも肩すかし。

二週間後、亀井社長がお礼も兼ねて金田さんと東京で会うと、金田さんは、沖縄でキャンプ中の王さんにも書いてもらったと、さりげなくポケットから三名連名のボールを取り出し、亀井さんに渡したのだ。亀井社長はコラムにこのように書いておられる。

「プロだ」と思った。期待を上回ることをさりげなく行う。人を喜ばせるために全力を尽くす。改めて自分の仕事に置き換えて考えてみた。

お客様に期待以上のサプライズをお届けしているのか。サプライズとはどのようなものなのか。お客様の立場でサプライズを考えているのか。

スーパースター3人連名のサインボールは小売業の原点も教えてくれている。

期待値を圧倒的に上回る価値を顧客が感じた時に、サプライズが生まれる。プロは常にこれを実現しようと、全力を尽くしているのだ。

私たちは、顧客にサプライズを届けるために、本当に全力を尽くしているだろうか？

3 顧客が欲しいのは、四分の一インチのドリルではない。四分の一インチの穴である

「顧客はeメールをしたいと思って、eメール導入を検討しているのではない」

本章の冒頭でeメール管理システムを企画・開発し、売っていた二十年前の話を紹介した。この仕事を通じて私が身をもって学んだことだ。

たとえばあなたはこんな説明を受けたら、どうだろう？

「この製品では、eメールとカレンダー、掲示板が連携しています。カレンダーの予定をeメールですぐに送ることもできます。また複数人の予定を確認し、会議をスケジューリングするのも簡単です。操作はこの通りです。メールを受信するのも簡単です。メールを受信すると知らせが届くので、これをクリックし……」

デモをしながら製品機能を説明しているのだが、これが延々と一時間も続くと、おそらく退屈に感じるだろう。

では、このような説明だと、どうだろうか？

「eメールを導入すれば、半日仕事が一分でできます。一〇〇名に会議を案内する場合、これまでは、案内状を一〇〇枚コピーし、封筒に入れて、宛先を記入し、投函していました。半日仕事です。さらに出席確認も電話で受け付けていました。eメールだとどうでしょう？　案内状さえ作れば、一〇〇名の宛先リストを一つ選んで送信ボタンをクリックするだけ。一分かかりません。出席確認も自動です。省力化と迅速化のメリットは計り知れません」

こちらの説明の方が、メリットが明確だ。

顧客がやりたいことは、ホワイトカラーの生産性向上やコミュニケーション円滑化による組織の活性化だ。eメールはあくまで手段なのだ。だから私は、製品の機能説明は求められた時しか行わなかった。そのかわり後者のように、eメール導入のメリットや、仕事がどう変わるのかを具体的に説明するようにした。

その後も私はソフトウェアの仕事に関わってきたが、ポイントは同じだった。顧客はソフトウェアを導入したいのではない。ソフトウェアを使うことで仕事のやり方を変えて、成果を上げたいのだ。たとえば設計ソフトは、製品開発期間を一カ月から三日に短縮し、製品競争力を強化するために導入するのだ。

同じことを、四十年以上前に分かりやすく語った人がいる（参考文献(2)）。『ハーバード・ビジネス・レビュー』編集長を務めたセオドア・レビット教授だ。

四分の一インチのドリルを購入した人々が必要としているのは、直径四分の一インチの穴である。

まさに製品志向と顧客志向の違いが、短い言葉で的確にあらわされている。ドリルだけを考えるのは製品志向の考え方。しかし顧客はドリルには興味はない。必要なのは四分の一インチの穴だ。四分の一インチの穴を考えるのが、顧客志向の考え方だ。

しかし、「当社のドリルの性能はこんなにすごい」と一方的に語る会社が多いのも残念ながら現実だ。顧客にeメールの詳細機能を説明することは、これとまったく同じことだ。

ここでもう少し顧客の要望を掘り下げて考えてみたい。実は「四分の一インチの穴が欲しい」という背景はさまざまだ。四分の一インチのドリルが唯一の答えとは限らない。もしかしたら顧客は工具を使いたくないかもしれない。ドリルではなく、穴を開けるサービスを有償で提供したり、あるいはいっそのこと穴が開いた板を販売した方がいいかもしれない。

あるいは、部品を固定する穴が必要なのかもしれない。そうだとすれば、穴ではなく接着剤が最適かもしれない。

さらに、ドリルを買っても顧客は使い方が分からないかもしれない。使い方を教える必要もある。日曜大工のコミュニティに参加してもらい、日曜大工の楽しみを伝えることもできるかもしれない。

「四分の一インチの穴が欲しい」という顧客の表面的な要望だけを考えていても不十分なのだ。「なぜ、その要望なのか?」までを考えて、顧客にとって最適な解決策は何かを徹底的に深掘りして考えるべきなのだ。

ぜひ考えてみて欲しい。あなたが担当している商品やサービスを買う顧客は、本当は何が欲しいのだろうか?

少なくとも、ドリルの性能を求めて買う顧客は、「ドリルマニア」を除くと極めて少数のはずだ。

4 差別化しようとしても差別化できない。そこで顧客が商品を買う理由を考える

「なるほど。差別化しようと考えると、差別化できないのか!」、私は実感した。

十年前、私はある事業部のマーケティングマネージャーとして、戦略立案と実施を担当した。その結果、日本国内で業界シェア一位と市場認知度一位を獲得できた。結果的に他

社と差別化できたのが大きな要因だった。しかし私は、最初から差別化をしようと考えていたわけではなかったのだ。

最初に顧客の課題を基に、私たちに何ができるかを徹底的に考えた。顧客は「営業変革をしたい」と考えていた。しかし、そのやり方が分からなかったのだ。幸い、私が勤務していたＩＢＭでは、顧客に先駆けて、営業変革をその十年前から世界中で社内展開しており、既に成果も出ていた。具体的な自社事例を顧客に見せられるのは、私たちの大きなメリットだった。

そこで自社の営業変革経験を顧客に提供できるように、関係者と調整してサービスを開発した。その結果、多くの業界でそのサービスが採用され、成果が上がった。当時、ライバルはまだ自社の営業変革に着手していなかったため、同様のサービスは提供できなかったのである。結果的にＩＢＭはライバル各社に対し、大きく差別化できた。業界シェア一位と市場認知度一位の獲得は、そのように差別化した結果だったのだ。

「差別化」という言葉は世の中で浸透してきた。しかし実際には「差別化しよう」と考えても差別化はできないのだ。私が経験した通り、出発点はあくまで顧客の課題だ。顧客の課題に対して、自分たちにしかできないことは何かを徹底的に考える。差別化は、顧客の課題と解決策を考え抜いた結果に過ぎないのだ。

「生き残るために、差別化しよう」という人がいる。しかし生き残りを目的として考えてはならない。それは結果なのだ。現代では顧客の課題は多様化している。多様化した課題に応えるためには、特化した商品やサービスを提供することが必要だ。そうして私たちは、よりよい社会を創り上げることができるのだ。

顧客が抱えている特定の課題を解決すれば、他社と差別化できるし、結果として生き残ることができる。

この出発点をはき違えて、顧客のことを脇に置いておいて、「生き残るために、差別化しよう」と考えても、絶対に差別化はできないし、生き残ることもできない。

そうは言っても、どのように顧客視点で差別化するかを考えることは必要だ。具体的なイメージが湧《わ》かないことも多いと思う。そこで役立つのが「バリュープロポジション」という概念だ。バリュープロポジションとは、

①顧客が望んでいて、

②自社が提供でき、

図5　顧客が買う理由＝バリュープロポジション

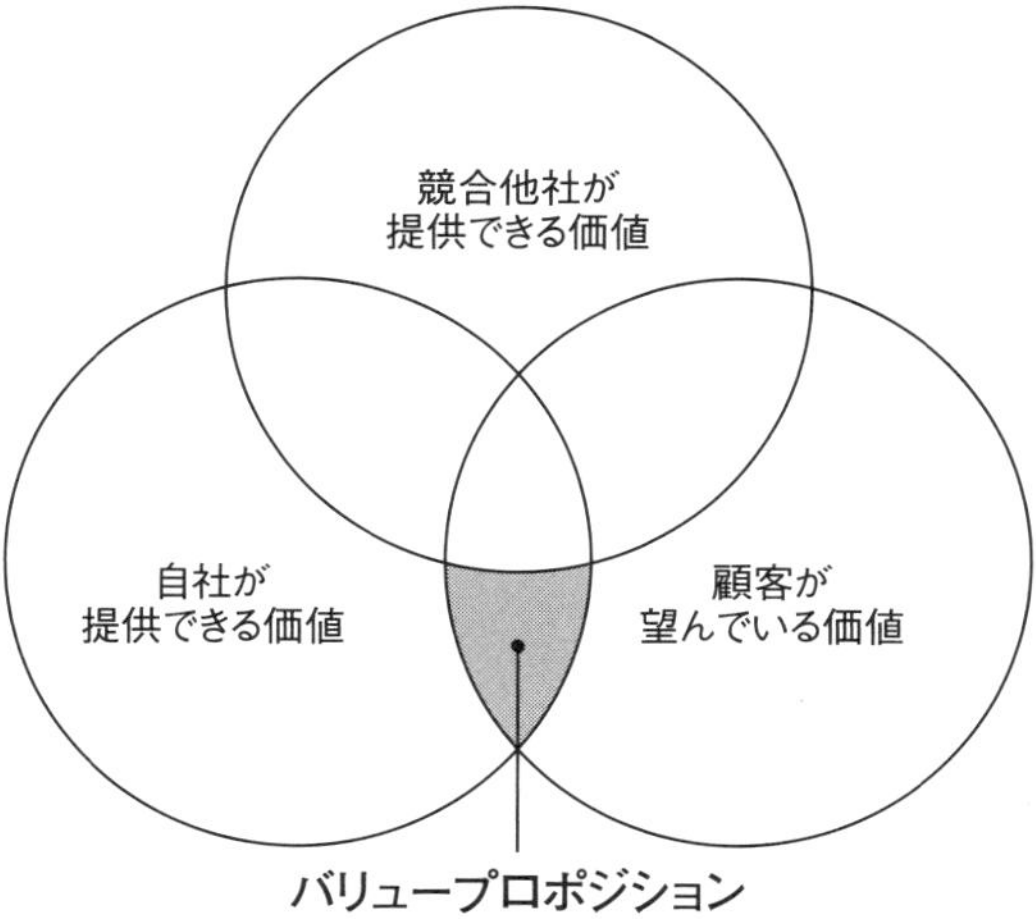

③競合他社が提供できない価値

のことだ。図5の網掛けの部分がこの三つの条件を満たすバリュープロポジションだ。カタカナにすると分かりにくいが、要は「顧客が買う理由」のことだ。競合他社との「差別化」だけでなく、「顧客」の意向をくむことがポイントだ。

街の電器店を例に、バリュープロポジションを考えてみよう。

電器店の競合相手として、家電量販店を考えてみる。家電量販店の価値や強みは「圧倒的な販売量に裏打ちされた価格競争力」だ。一方で、街の電器店が提供できる価値や強みは「街の住民である顧客に対するきめ細かいサポート」だ。

私が数年前に引っ越しした際、それまで使っていた照明器具の配線が断線し、新居で使えなくなってしまった。ハンダで断線部分を接続する簡単な作業だが、私の手に負えない。購入元の家電量販店に電話しても「メーカーに直接問い合わせて欲しい」との回答。そこで近所の電器店に持ち込んだところ、五分で修理が完了した。料金二〇〇〇円。街の電器店のフットワークの軽さを再認識した次第だ。

ここで、街の電器店がターゲットとする顧客は誰なのかを考えてみよう。「安さが一番」と思っている顧客は最安値の家電量販店で商品を購入するので、街の電器店はこれをターゲットとすべきではない。街の電器店が狙《ねら》うべきは「価格は少々高くてもよいから、手厚くサポートして欲しい」という顧客だ。

このように考えると、「近所に住む、シニアの富裕層」が街の電器店のターゲット候補だ。定年を迎えて、お金をある程度持っており、高価なデジタル家電の購入を検討中。価格には敏感ではないが、複雑なデジタル家電のトラブルの際にはすぐ家に来てサポートして欲しい、そのような価値を求めている人たちだ。

このように考えると、街の電器店のバリュープロポジションは次のようになる。

【顧客が望んでいる価値】
手厚いアフターサポート
【自社が提供できる価値】
複雑な最新デジタル家電による生活を十分に楽しめるように支援できる力
【競合他社が提供できない価値】
顧客の自宅まで直接サポートに出向けるフットワークの軽さ

実際に高齢化が進む住宅地で、徹底した商圏分析と顧客管理を行い、サービスに重点を置いて顧客をサポートして、毎年二ケタ成長を続けている電器店もある。

バリュープロポジションが明確であれば、対象顧客や訴求ポイントも明確になる。これが戦略の出発点となるのである。

5 顧客の課題は、必ず最初の段階で検証しないと悲惨なことになる

「顧客は将来、必ずこの課題にぶつかる。だから我々は、その課題を先取りして、この製品を開発するのだ」

開発責任者は、このように胸を張って説明した。

私が製品プランナーだった頃のこと、私は他部門で企画していたある製品の概要を聞いた。

話を聞いた私は、「なるほど、非常によく考えられているなぁ」と思った。同じように感じた仲間も多かった。その後、その製品は鳴り物入りで発表された。

その二年後。私は耳を疑った。その製品は、結局一件も売れずに、販売中止になったのだ。

なぜ、売れなかったのか？　たしかに開発責任者の予言通り、多くの顧客が実際にその課題に直面していた。しかし顧客はお金をかけてまでその課題を解決したいとは考えなか

った。多少の不便は我慢できる範囲であり、優先順位は低かったのだ。ここから学んだのは「顧客の課題は、自分の頭だけで考えてはいけない。必ず最初の段階で検証すべきだ」ということだ。

先に紹介したバリュープロポジションもまったく同様だ。思い込みで事を進めてはいけない。必ず顧客に検証することだ。思い込みで作ったバリュープロポジションは、現実の顧客の要望からかけ離れてしまい、多くの人たちの努力が徒労に終わってしまうことが多いのだ。

同じ状況に陥りながら、それを克服した参考になる事例を本で読んだことがあるので、紹介したい。

ある樹脂メーカーは、顧客である塗料メーカー向けに新しい化学樹脂を開発した。彼らは「環境にやさしい塗料が必要」と想定し、優れた環境性能の樹脂を新開発し、その樹脂を使った塗料を発売した。しかし顧客（塗料メーカー）の顧客となる塗装業者の反応は冷ややかで、売れなかったのだ。そこで樹脂メーカーは塗装業者の調査をした。すると意外なことが分かった。環境性能は大事だったが、優先順位は高くなかった。一方で塗装業者のコストのほとんどは人件費で、実際の塗料のコストは全体のわずか一五％だった。

そこで樹脂メーカーはバリュープロポジションを見直した。そして、塗料に用《もち》いると乾燥時間が短くなる化学樹脂を発売した。その化学樹脂は標準の一・四倍の価格であるにもかかわらず、塗料メーカーに飛ぶように売れた。乾燥時間の短縮によって塗装業者の生産性が向上し、人件費の削減に繋がったからだ（参考文献(3)）。

この事例では、当初のバリュープロポジションが間違っていて売れなかったものを、顧客の顧客に検証して問題点を見直し、克服したのだ。

作り手の思い込みでバリュープロポジションを考えても、実際の顧客は見向きもしないことが多い。そして売れず、商品に関わる人たちの努力が報《むく》われない結果に終わるのだ。

バリュープロポジションは、まず分かりやすいこと。そしてスムーズに顧客に受け入れられ、実際に顧客の課題が解決できなければ意味がないのだ。もしこれらのいずれかがうまくいかない場合は、見直しが必要だ。

また、樹脂メーカーが塗装業者の調査をしたように、顧客の顧客を理解することも必要だ。顧客の要望は、企業の行動を決定する大きな要因の一つだ。だから作り手である企業は、顧客と、その先にいる顧客のニーズに敏感であることが求められる。

バリュープロポジションは、企業が巨額の投資をして世の中に出す商品やサービスの成功を握るカギだ。それを検証する費用は、商品開発やプロモーションにかける膨大な費用に比べれば、微々たるものだ。

たしかに、顧客自身が自分たちの課題に気がついていないこともある。しかし、自分たちのバリュープロポジションが伝わらない時は、自分たちが定義したバリュープロポジションが間違っているのである。

6 なぜ歯医者が虫歯予防のCMに出るのか？

「歯医者さんは、虫歯が少なくなると売上が減るはず。それなのに、なぜ虫歯予防のCMに出るのだろう？」

以前から「歯医者さんも薦《すす》める、虫歯予防のガム」というキシリトールのCMを観て、不思議に思っていた。

考えてみると、私は子どもの頃とは違い、虫歯になって歯医者に行くことがほとんどなくなった。一方で半年に一回、かかりつけの歯科医で予防歯科、いわゆるデンタルチェックを受けるようになった。虫歯のチェックだけでなく、歯垢《しこう》も取り除いてもらっている。同じように、定期的にデンタルチェックを受けている方は多いのではないだろうか？　歯科医による定期的なデンタルチェックは多くの人たちに広まっている。

この予防歯科が生まれたきっかけが、冒頭の「歯医者さんも薦める、虫歯予防のガム」なのだ。両者は密接に関連し合っているのである。

キシリトールはフィンランド生まれの虫歯になりにくい甘味料だ。このキシリトールを日本に普及させようと考えたマーケティング責任者は、歯科医の賛同がキシリトール普及のカギと考えた。しかし当時、ほとんどの歯科医は「虫歯になりにくい甘味料」を紹介されると、「それでは儲《もう》からなくなる」と拒否反応を示した。そんな時、このマーケティング責任者は、「予防歯科こそ歯科医の仕事」と考える歯科専門の商社マンと出会った。そして「虫歯にならないために歯科医に行く」というビジネスモデルを作ったのだ（参考文献(4)）。

当初は「虫歯がなくなると儲からなくなる」と考えた歯科医も、「予防歯科」という概念を理解するとキシリトールをサポートするようになった。つまり、歯科医および患者（歯科医の顧客）にとって「虫歯にならない」価値は何かを徹底的に考えた末、「予防歯科」というビジネスが生まれ、キシリトールも普及したのだ。

歯科医も、「虫歯を治療する」という製品視点から「健康な歯を維持する」という顧客視点に発想を広げ、「虫歯になりたくない」という隠れたニーズに接して、「予防歯科」という新しい解決策を見いだしたのだ。誰でも、同じお金を払うのであれば、虫歯を治療するよりも、虫歯を予防し健康な歯を維持したいはずだ。

その結果、歯科医はまったく新しい市場を創造できたのだ。実際に虫歯になって歯科医に行くのは、日本国民全体の一割程度。歯科医は治療目的以外の人も顧客に取り込むことで、日本国民全体が潜在顧客になり、潜在顧客規模を一〇倍に増やすことができたのだ。

歯医者さんが虫歯予防のＣＭに出ているのは、顧客中心主義に徹した結果なのだ。

第2章

市場と顧客を洞察する力

1 数カ月で変わる市場を、いかにとらえるか？

「おかしいなぁ。毎年二〇～三〇％成長するはずなのに、お客様の姿が全然感じられない。なぜだろう」

ある事業部のマーケティングマネージャーになった当初、感じたことだ。

多くの市場調査会社が、この市場は年率二〇～三〇％で成長が続くと予測していたのだ。

「この案件、中止になりました」

「この案件も、お客様の予算削減で、プロジェクト大幅縮小です」

間もなくセールスから、毎日のように報告が届くようになった。多くの顧客が一斉に社内プロジェクトの見直しを始めていたのだ。セールスの現場では、見込み案件はほとんど蒸発してしまった。市場調査会社が描いていたバラ色の未来とは裏腹に、それまでセールスが手塩にかけて育ててきた案件がほとんど消えてしまった現場は、憔悴《しょうすい》しきっていた。

図6　時に、数カ月で激変する市場

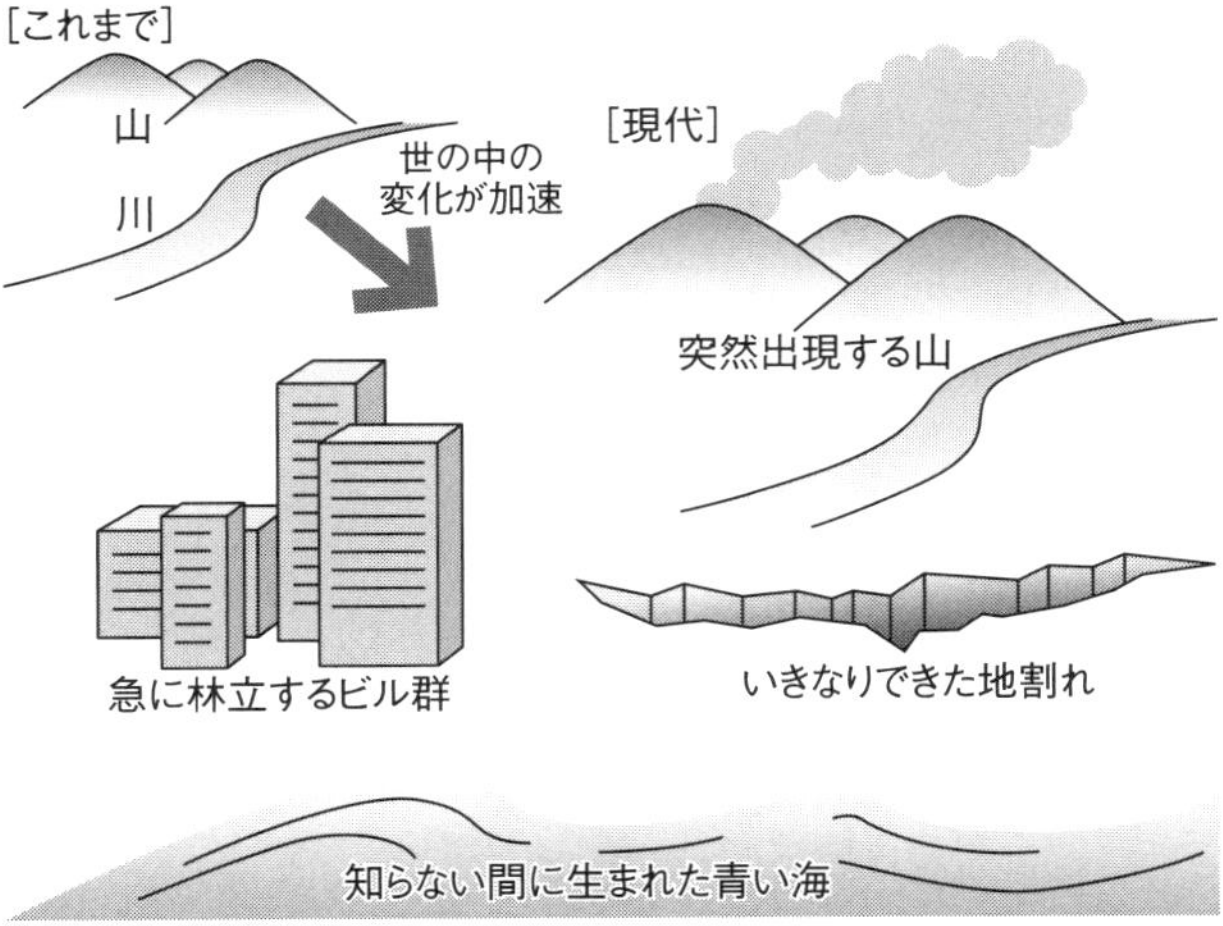

その半年後、市場調査会社から、それまでの成長率を見直した市場規模予測が発表された。

実は市場の熱狂が醒《さ》め、多くの見込み客が過度な期待を抱いていたことに気づき、計画中のプロジェクトの見直しを一斉に始めた、いわゆる市場の転換点がまさにこのタイミングだったのだ。年率二〇〜三〇％成長を前提に投資計画を考えていたメーカー各社は厳しい状況に立たされた。

市場調査は、市場という地形を歩くための「地図」だ。知らない場所を歩くためには地図は必要だ。しかし変化が激しくなっている現代、この地形は頻繁《ひんぱん》に変化している。

山（＝目標）が出現したり、いきなり地割れ（＝障害）ができたり、突然青い海（＝新市場）が生まれたりといった、地形変動レベルの変化が起こっているのだ。しかも、これが極めて短期間に起こっている。喩《たと》えていうならば、地形を測り地図を出版するまでの数カ月間で、地図を描き換えなければならないような地形変動が発生している。

このように短期間で市場が激変している現代、市場調査に過度に頼るのはリスクが伴う。市場調査を鵜呑《うの》みにせずに、顧客の声を検証する等、自分自身で確認することが必要なのだ。

冒頭の例でも、セールス現場の様子や顧客の生の声、見込み案件から、市場が動いていることは私も漠然と感じていた。また顧客との対話や、セミナーのアンケート分析で、顧客の考え方が大きく変化していることも把握できていた。その結果を基に、顧客の変化に対応したマーケティング施策を講じ、一時的な案件消滅を乗り切って、ビジネス目標を達成することができた。

変化が激しい現代、「時間」は「ヒト、モノ、カネ、情報」と並ぶ、第五の経営資源だ。変化を先取りした対策が、極めて強力な武器になる。わずか数カ月先んじるだけでも、それは極めて大きな差になるのだ。さらに現代は、先んじて得られた洞察を基に、自分自身で地形変動を加速させて地図を描き換えることも可能だ。

ただし、市場調査は無意味ではない。市場調査は、ある時点の客観的な「事実」を示している。だからこそ私たちは、市場調査で市場の全体像を客観的に把握し続け、変化が起こった場合はその理由を考えていく必要があるのだ。

市場調査会社もさまざまな工夫をしている。たとえばＩＴ分野の調査・助言を行っているガートナーは、次々と出てくる最新技術について、顧客から見た成熟度を「ハイプ・サイクル」というモデルに当てはめて評価し、提供している。これは新技術の普及サイクルを、「テクノロジの黎明期《れいめい》」「『過度な期待』のピーク期」「幻滅期」「啓蒙活動期」「生産性の安定期」の五段階に分けて示したものだ。このモデルで、新技術が現在どの段階にあるか把握できる。

私たちは、市場調査の限界を理解して、得られた洞察に基づいてどのように市場を変えていくかを主体的に考えていくべきなのだ。Ａｐｐｌｅやソフトバンクなど、市場の変化を先取りし、変化を加速させ、成功している企業の例を見ても、そのことは理解できるだろう。

2 新市場は市場調査からは生まれない。顧客の声から生まれる

「今度、永井さんが担当する製品は大変だよ。オレだったら引き受けないな。ははは」

元上司である部長は、半分冗談交じりに私に言った。

十五年前。私はそれまで、ある製品の開発マネージャーをしていた。製品開発の立場で仕事をしてきたが、限界を感じていた時期でもあった。ちょうどマーケティングマネージャーのポジションが空いていたので異動を申し出た。その仲介をしてくれたのが、この部長だった。私はマーケティングマネージャーとして、その製品を担当することになった。

しかし元上司が言う通り、この製品は本当に大変だった。まず、技術は他社が持っていない非常に先進的なものであり、この点はとても有利だった。しかし世の中では認知されておらず、市場自体が存在しない。また技術的にも未成熟だった。最初の顧客はそれを理解した上で、自社のサービスを差別化するためにリスクを取って採用したが、実際のシステム構築はトラブル続きだった。

競争力は抜群だが、認知度ゼロの状態から市場を立ち上げ、かつビジネスとして売上も確保しなければならない。参考になるものはなかった。市場調査データも存在しない。手探り状態が続いた。しかし最初の顧客プロジェクトが難産を経て成功し、徐々に見込み客が増え、顧客との対話を通じて次第にあるべき姿が見えてきた。採用も広がっていき、市場としても立ち上がり始めた。

あれから十五年が経過し、この製品で培《つちか》った技術は今、全世界に広がっている。

私が経験したように、新市場を立ち上げる際には、市場調査データは存在しない。言い換えれば、市場調査データをいくら調べても新市場は生まれないということだ。

世の中でも日々さまざまな新市場が生まれ、そのうちのいくつかは時間とともに大きく育っている。その生《お》い立ちを学ぶことで、ヒントが得られる。

一九七四年、セブン‐イレブンは東京都江東区の豊洲《とよす》にコンビニエンスストア第一号店を開店した。当時はコンビニエンスストアの将来性はまったくの未知数だった。その三十四年後の二〇〇八年、コンビニエンスストア業界の日本国内の売上は百貨店業界を上回った。

一九七六年、ヤマト運輸は「宅急便」という名前で、宅配便サービスを開始した。初日取り扱った荷物は一一個。当時の運送業界では「大口の荷物を一度に運ぶほうが合理的で得。小口荷物は手間がかかり採算が合わない」というのが常識だった。その三十三年後の二〇〇九年度、日本国内の全宅配便取扱量は三一億個になった。

他にも、インターネット検索、ドライビール、深夜ビジネス、書籍ネット販売……。現在主流になっている大市場は、どれも例外なく過去に存在していなかった新市場だ。このような新市場は、誰も気がつかなかった新規ビジネスの芽を先駆者が見いだし、孤独な状況の中、暗中模索《あんちゅうもさく》で情熱をかたむけてビジネスを育て上げているうちに、生み出されたのだ。

新市場が生まれる場合、必ずニッチ（隙間《すきま》）から始まる。新市場は、立ち上がり当初は誰も気がつかないからこそ、新市場なのだ。

そして新市場が一般に認知され、市場規模が分かるようになった段階で、その市場の立ち上がり期から努力し続けてきた先駆者は既に一定の地位を確立している。つまり市場規模やリスクを評価するだけでは、新市場は生み出せない。よくて二番手・三番手に甘んじる立場、悪ければ市場から脱落してしまうのだ。時間が貴重な経営資源となっている現代、二番手・三番手は先駆者と同じことをしている限り、決して先駆者を追い抜くことはできない。

セブン‐イレブンやヤマト運輸が新規ビジネスを始めた時点では、周りの多くの人々が将来性を疑問視していた。そのような中でも、自分たちを信じ、情熱をかたむけてビジネスを育てていくことで、新市場が生まれ育っていくのだ。

3 数字を客観的に見ることを阻む「空気」

「うーん、達成度が悪いなぁ。なぜだろう」

実績の数字を前に、一同考え込んでいた。それまで何も語らず黙って考えていた責任者が、腹を決めた様子で口を開く。

「こっちの数字をそこに入れて、達成したことにしましょう」

責任者に対して、あるメンバーがあえて反論を試みる。

「でも、こっちの数字を入れるのはおかしいですよ。辻褄《つじつま》が合わなくなります」

責任者は意を決したように、そのメンバーを見据《す》えて答える。

「たしかに辻褄は合わないかもしれない。しかし『達成していない』ということで、組織全体の士気が下がるデメリットは計り知れない。私の判断です。私が責任を持ちます」

他のメンバーもうなずいている。全体の空気は責任者の意見を容認していた。

数日後、目標を達成したことが全体会議で発表された。皆、数字を操作していることに薄々気づいているようだ。しかし誰もあえてそれを語ろうとはしなかった。

あなたも同じような経験はないだろうか？

ともすると、私たちは事実やデータを主観や希望的観測に基づいて解釈してしまうことがある。しかし、その弊害《へいがい》は極めて大きいのだ。では何が起こるのか？

実は私たちは、第二次世界大戦時の旧日本軍から多くのことを学ぶことができる。旧日本軍は戦況を主観的に解釈し、悲惨《ひさん》な大敗を繰り返していたのだ。ここでは二つの例を紹介したい。

最初の例は、第二次世界大戦の大きな転換点となった、一九四二年のミッドウェー海戦。

日本海軍の事前図上演習では、確率論に基づき、サイコロを使用して攻撃命中率を決定していたが、日本軍が不利になると演習の途中で「米軍の命中率は日本軍の半分以下とする」とルールを変えてしまった。このルールでも「空母二隻を失う」という結果だった。しかし「帝国海軍の空母が簡単に沈没するわけはない」という理由で一隻残存させ、演習を続けた。

実戦では、正規空母四隻と歴戦の熟練パイロット多数を失う大敗を喫し、日本海軍はその後の太平洋の制海権を失ってしまった。

二つ目の例は、一九四四年十月の台湾沖航空戦。

旧日本軍航空部隊は、本土に迫《せま》った米国海軍空母機動部隊を迎撃した。航空機三〇〇機以上を失ったが、大本営は、「米軍艦船多数撃沈・撃破」という華々しい戦果を発表した。しかし実際の米軍の被害は極めて軽微で、大規模機動部隊はほとんど無傷だった。

旧日本軍は、慣れない夜間攻撃で戦果確認が困難な中、撃墜されて炎上する航空機を敵艦と誤認したり、被害を受けている敵艦を重複して数えていたのだ。さらに緊迫した中で、航空兵は「撃沈できたかどうかは不明」とは言えない空気もあった。そうして前線から上がってくる過大な戦果を修正せずにそのまま集計した結果が、大本営発表の大戦果になったのだ。

戦果を客観的に把握するべく、情報部の参謀は現地に滞在し、航空兵から戦果の確認方法について聞き取り調査を行った。そして戦闘中に、「実際の戦果は小さい」と大本営に報告した。しかし、この報告が顧《かえり》みられることはなかった。

一方で大戦果を聞いた日本陸軍は、作戦を変えてレイテ島決戦を行うことにし、決戦兵力をレイテ島へ輸送した。しかしその大半は、存在しないはずの米国機動部隊の空襲を受け輸送途中に沈没。レイテ島決戦は惨敗、さらに多くの戦死者を出した。


この二つの事例は特別ではない。第二次世界大戦における旧日本軍の多くの戦いがこのような形で展開し、一方的に敗《やぶ》れたのだ。そして戦死者二三〇万人、民間人死者八〇万人というおびただしい犠牲《ぎせい》を出した末、日本は第二次世界大戦に敗れた。事実を事実としてとらえず、客観的に見るべき数字を主観的に見ると悲惨な結果を招く。その好例だ。

旧日本軍の作戦の決定権は作戦部が握っていた。情報部が客観的な情報に基づき報告しても、作戦部は「大変な思いをしている現場の将兵を無視した報告をする情報部は、けしからん」と軽視、無視、あるいは敵視することが多かった。

本項冒頭の事例と旧日本軍の行動は、情報を客観的に見ずに、主観的にとらえている点でまったく同じである。

冒頭のケースでは、数字を達成していなければそれを客観的に分析し、対応策を講じることが必要なのだ。問題を分析して失敗から学ぶことで、対応策を講じることができる。達成してもいないのに達成したことにすると、分析もしないし対応策も講じない。失敗から学ぶこともない。そしてその後も失敗し続けるのだ。最後に待っているのは、旧日本軍と同じ結末。悲惨な破綻《はたん》だ。

日本人は主観的に考え、現場を尊《とうと》ぶ傾向が強い。このことは私たち個人の性質であり個性だ。一方で本来、組織が情報を収集する目的は、事実を把握し、その事実を客観的に評価し、組織として的確な対応をとることだ。そして時として「空気」は、人々の行動規範になってしまい、非合理的な決定を招いてしまう。集団の意思決定が「場の空気」で決まりがちな日本人は、この点を常に意識して戒《いまし》めるべきだ。

情報を評価する際には、場の空気や情緒に左右されずに、あくまで客観的に考えるべきなのだ。戦略を立てる立場にある者は、「空気が読めない奴だ」と言われることを恐れてはいけない。

4 一%の差は意味がない

「この一%の差が出ている要因は何だろう?」

議論は、ここでもう一時間も膠着《こうちゃく》状態が続いている。

会議の参加メンバーからは、さまざまな意見がほぼ出尽くした。既に時計は午後十一時を回ろうとしている。そろそろ終電に間に合わなくなる時間だが、どうしても一%の差を説明できない。誰もが疲労困憊《ひろうこんぱい》している。明日の報告会議は朝八時からだ。まだできていない資料も多い。準備は間に合うのだろうか? また徹夜になりそうだ。

ビジネスでは、さまざまなことが数字で表される。たとえば、講演での顧客満足度、市場調査結果で得られた顧客の使用率、あるいは案件の進捗率。そして一%の差が出ている理由について、関係者が集まって時間をかけて議論をすることがある。

しかしその一%の差には、実は意味がないとしたら、どうだろう?

「そんなことはない。数字には必ず意味がある」

そう思うかもしれない。たしかに数字は事実だ。しかし意味がないこともあるのだ。結論から言うと、調査対象数が数百件程度の場合、一〜二%の違いはほとんど意味がない。実は一%の差を議論しても時間の無駄だ。さらに間違った結論に至ってしまう弊害も大きい。なぜだろうか？

おなじみのテレビの視聴率が、まさにそのようなデータだ。そこでテレビの視聴率調査を例にとって考えてみよう。

視聴率調査のためにテレビの視聴者全員を調査するのは、コストも時間もかかるので無理だ。そこで実際の視聴率調査では、「推測統計」という手法で、視聴率を近似値として算出している。限られた数を調査して、世の中全体の動向を推測するのだ。

視聴率調査を行っているビデオリサーチ社は、全国二七地区・六六〇〇世帯の協力を得て視聴率を調査している。関東地区の調査件数は六〇〇件。さて、この六〇〇件の調査件数で分かる視聴率はどの程度正確なのだろうか？

ビデオリサーチ社のサイトでは、この「正確さ」について詳しく解説している。計算過程を省略し結果だけを簡単に述べると、視聴率に二・四%程度の差があっても、統計学上は誤差の範囲内だ（詳しくは当項の最後を参照）。

世間では、テレビ番組の視聴率が一%上がった、下がったということが話題になる。しかし統計学上は、視聴率一%の差には意味がないのだ。サンプル数を四倍の二四〇〇件にすると精度は倍になる。そのかわり調査コストも四倍になる。つまり調査目的とコストのバランスを考える必要がある。

調査数一〇〇〇件以下の結果を見て一%の違いの理由を議論するのも、同様にあまり意味がない。それは誤差の範囲なのだ。しかし私たちは数字で状況を把握して議論する際に、しばしばそのような間違いをおかしてしまう。本来、このような調査は全体傾向の把握のために活用すべきなのだ。

調査リポートを見る際には、必ずサンプル数とその調査プロフィール、つまりサンプルの偏《かたよ》りを把握して、そのリポートの内容が意味するところを考える習慣を身につけたいところだ。

【詳細説明】標本数六〇〇の場合、信頼度九五%で考えると、視聴率が一〇%の場合、標本誤差は±二・四%である。図7はその説明だ。

ここで「標本数」とは調査件数（今回の例では調査世帯数六〇〇件）、「信頼度九五%」とは「一〇〇回中九五回はこの範囲に収まる」（五回はこの範囲から外れる）、「標本誤差」と

図7　視聴率調査は誤差を含んでいる

$$\text{標本誤差} = \pm 2\sqrt{\frac{\text{世帯視聴率}(100-\text{世帯視聴率})}{\text{標本数}}}$$

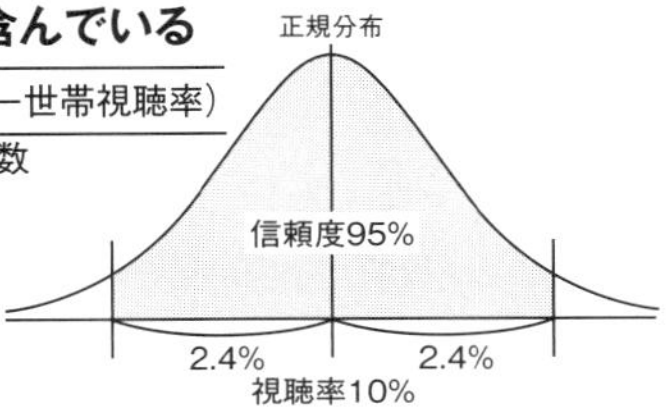

世帯視聴率	標本数　600	標本数　200
5%･95%	±1.8%	±3.1%
10%･90%	2.4	4.2
20%･80%	3.3	5.7
30%･70%	3.7	6.5
40%･60%	4.0	6.9
50%	4.1	7.1

標本誤差は図のような正規分布を描きます。標本数600の場合、信頼度95%（100回中95回はこの幅に収まる）で考えると、視聴率が10%での、考慮すべき標本誤差は±2.4%です。また、真の値は調査結果である10%の近くに多くあることを意味します。例えば標本誤差を半分の±1.2%にするための標本数は、4倍の2,400が必要です。

ビデオリサーチ社資料より　http://www.videor.co.jp/rating/wh/07.htm

は推計値の正確さを表し、誤差の範囲は視聴率一〇%の前後二・四%（七・六〜一二・四%）である、ということなのだ。

5
慎重に選んで買ったカメラの記事が、なぜ購入後も気になるのか？

私には学生時代から続けているライフワークがある。写真だ。

実は、会社員を辞めて写真を仕事にすることを考えていた時期もあった。実際、写真の個展も六回開催している。

そして写真同様、カメラも大好きだ。新しいカメラが発売になると、いても立ってもいられず真っ先にカメラ店に直行し、そのカメラを手にしてみる。中にはとても気に入ってしまい、どうしても欲しくなるカメラもある。しかし、そこはじっと我慢。雑誌やウェブ記事を熟読し、本当によいカメラなのかじっくり見極める。そして自分が本当に納得したら買う。

しかし買った後、毎回、不思議な経験をする。あれだけじっくり選んで買ったのに、購入後もそのカメラの記事が出ていると気になってしまう。そして本来は必要がないはずなのに、買う前以上に記事を熟読してしまう。

あなたも同じような経験はないだろうか？

たとえば、車を買った後にその車の記事ばかりを見ている。あるいは高価な服を買った後に、その服の広告が気になる。

これには理由がある。人は高価な買い物をした後に「自分は本当にいい買い物をしたのか？」と不安な気持ちになっている。だから購入後も「自分は正しい選択をした」ということを証明する情報を集めようとするのだ。

人は「自分の中にある不安感や矛盾《むじゅん》」を解消しようとする行動を取る。「このカメラはやっぱり最高だ！　買って正解だった」と納得したいので、私は購入後も、そのカメラの記事を見ていたのだ。そして時にはブログで紹介もする。

図8　認知的不協和の解消…人は、首尾一貫した自分でありたい

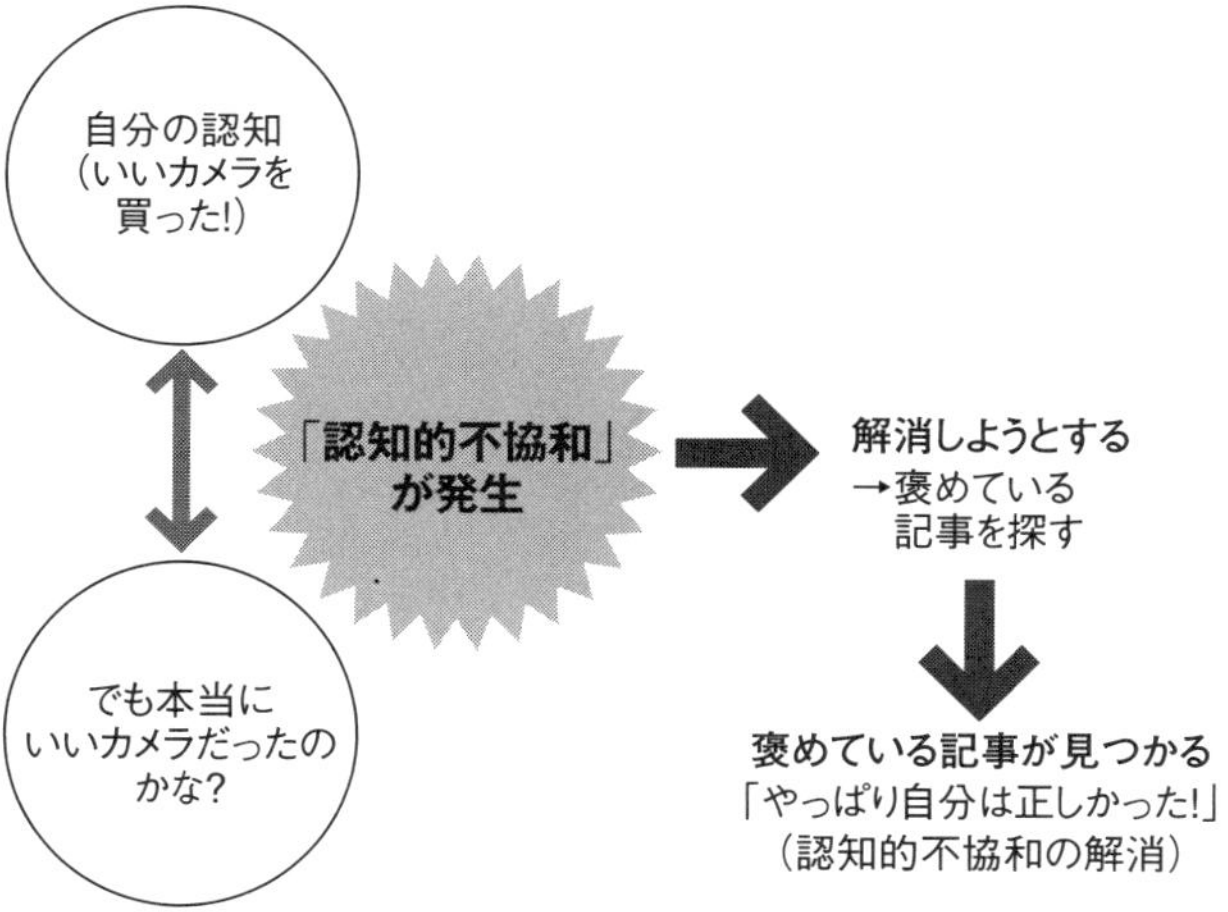
自分の認知
(いいカメラを
買った!)
でも本当に
いいカメラだったの
かな?
「認知的不協和」
が発生
解消しようとする
→褒めている
記事を探す
褒めている記事が見つかる
「やっぱり自分は正しかった!」
(認知的不協和の解消)

「自分の中にある不安感や矛盾」を、社会心理学で「認知的不協和」という。そしてこの一連の行動は「認知的不協和の解消」と呼ばれる。簡単に言うと、人は「首尾一貫した自分でありたい」ということだ。

この考え方はビジネスでも重要だ。顧客は「自分が買ったのは正解だった」と証明する情報が得られれば、それを他の人にも伝えようとする。クチコミで顧客も増えるかもしれない。その人自身、将来再購入する可能性も高い。「この商品を選んだのは正解」と顧客に感じてもらうことは、企業にとっても重要なことなのだ。

だから広告やプロモーションの対象は、必ずしも購入前の顧客だけではない。購入した顧客に「この商品を選んで正解だった」と思わせる効果もある。逆に不用意な値引きは、既に購入した顧客に「あのとき、買わなければよかった」と思わせてしまい、顧客離れを起こす原因になる。

多くのファッションブランドがアウトレットショップに出店する中で、ルイ・ヴィトンは決してアウトレットショップに出店しないし、値下げやセールも行っていない。逆に、一般客が入れないVIPルームで得意客に特別なサービスを提供している。圧倒的に強いブランド価値を維持し、得意客の満足度を向上させるためだ。

ルイ・ヴィトンは、自社のブランドを愛する得意客が満足し続けることの本質を深く理解しているのだ。

第3章
現場を動かす戦略を構築する力

1 机上の戦略は、失敗する

ある事業部でマーケティングマネージャーを担当している川井さんは、もう三十分近く事業戦略について話し続けている。最初の十五分は市場状況について。その分析にさらに十五分。時間枠の三十分はそろそろ終わりだ。肝心の戦略はどうなのだろう？

マーケティングマネージャーとして仕事を続けてきた私は、マーケティングのプロフェッショナル認定を得てから、他の人たちが作った戦略を聞く機会が増えた。この日も、そうしてセッティングされた場だったのだ。

川井さんは制限時間を二分超過して、話を終えた。私は質問した。

「市場の状況と分析はよく分かりました。川井さんの戦略はどうなっているのでしょう？」

川井さんは気色《けしき》ばんで答えた。

「今、戦略をお話ししたばかりですけど」

（ちゃんと聞いていたんですか？）と言わんばかりだ。しかし、川井さんが話したのは市場の状況と分析だ。川井さんが何をしたいのかが、見えてこない。

川井さんは、典型的な「分析麻痺症候群」と呼ばれる状況に陥っていた。分析を重視するあまり、時間の大半を分析に費やして、肝心のやるべきことまで決められない。実行もできない。結局、生み出す価値がゼロの状態だ。

現代は情報が溢《あふ》れている。市場をすべて把握しようとしても、調べるべきデータや情報は無限にある。調べ始めるとあれもこれもと深入りすることになり、時間がいくらあっても足りない。この「分析麻痺症候群」は真面目な人ほど陥りやすい。

実は私自身、この「分析麻痺症候群」に陥っていた時期があった。だから川井さんの気持ちはよく理解できた。数週間調べ続けて膨大なデータを入手。その分析に、さらに時間をかける。市場で何が起こっているか、誰よりも深く理解する。これで仕事をしたと錯覚するのだ。

この「分析麻痺症候群」は、マーケティング理論を学び、市場分析を通してマーケティング戦略の構築に取り組んだ経験がある方は、誰でも大なり小なり心当たりがあるかもしれない。しかし分析そのものは本来の仕事ではない。マーケティングの本来の仕事は、戦略を立てて実行し成果を上げることなのだ。

こんなこともあった。

別の事業部で戦略を担当している藤原さんが説明する戦略は見事だ。データを駆使《くし》した分析は申し分ないし、戦略もマーケティング理論にのっとっている。実施プランも明快だ。藤原さんは「分析麻痺症候群」とは無縁。ちゃんと戦略と実行プランまで作っているのだ。

「素晴らしい！」「藤原さんがいる限り、この事業は安泰だ」

多くの人たちが口を揃えた。藤原さんは一目《いちもく》置かれていた。

その一年後、そして二年後、藤原さんが担当する事業は何も変わらない。低迷したままだ。

藤原さんは相変わらず、机の上でデータを調べ、データと最新理論を駆使した戦略を練っている。

藤原さんは理論に基づいたロジカルな戦略と実行プランを作っているのに、なぜ何も変わらないのか？

実は藤原さんは、決して現場のセールスや顧客には会おうとはしない。それは現場の仕事であり、自分が立ち入るべきではないと考えている。だから藤原さんの戦略には、生の顧客の声が感じられない。「生きた戦略」になっていないのだ。データとマーケティング理論だけで戦略を机上で立案しても、現場は決して動かない。だから成果も生まない。

商品を買うかどうかを判断するのは顧客だ。生身の顧客とのやり取りを通じて、顧客の課題や隠れた顧客ニーズを徹底的に考え抜いた末に、初めて価値が生み出される。

日本企業は、世界でも突出して現場が強い。現場の問題は、現場が一番熟知している。だから戦略を展開するためには、現場責任者が戦略を実践することが必須なのだ。一方で、現場はさまざまな問題を抱えている。現場の現実に合った戦略を立てて、かつ現場責任者が腹に落として納得しない限り、戦略は実行されない。現場を把握せずに机上で決めた戦略は、現場では放置されるのだ。

仕事を通じて痛感するのは、マーケティング理論や市場調査だけでは、戦略は完成しないし、創造性やイノベーションが生み出されることもない、ということだ。創造性やイノベーションは、個人の強い想いから生まれるのだ。そして分析やマーケティング理論は、顧客との対話を通じて考え抜いて作った仮説を検証して補強し、他の人に対する説得性を高めるための方法論と考えるべきなのだ。

では、マーケティング理論はどのように活用すればよいのだろうか?

私が仕事を通じて実感するのは、マーケティング理論はあくまで手段であり、道具に過ぎないということだ。そして、ビジネスの現場のあらゆる場面に万能なマーケティング理論は存在しない。

ヘンリー・ミンツバーグ教授は著書『戦略サファリ——戦略マネジメント・コンプリート・ガイドブック 第2版』(参考文献⑸)で、世にあるあらゆるマーケティング理論を一〇種類に分類し、それぞれの長所・短所・問題点を紹介している。たとえば日本では、ハーバード・ビジネススクールの経営学者マイケル・E・ポーター教授の競争戦略論は戦略理論の代表として考えられている。しかし同書では、ポーターの競争戦略論は一〇種類の戦略スクール(学派)のうちの一つに過ぎないとしている。

私たちは理論に振り回されないために、世の中のさまざまなマーケティング理論のエッセンスを知る一方で、それらに振り回されず、仕事で役に立つ部分を活用するように心がけるべきなのだ。

2　孤高の戦略は、失敗する

ある事業部で戦略を担当している田村さんの戦略説明は延々と続いており、もうすぐ一時間が経とうとしている。

田村さんの戦略は、非常に精緻に作られている。よくこれだけのデータを集め、分析し、顧客の検証も行い、戦略としてまとめたものだ。しかし私は、今ひとつ腹に落ちなかった。田村さんの長い説明が終わると、私は質問した。

「ご説明、お疲れ様でした。ただ正直に言うと、今ひとつ腹に落ちません。ひと言でまとめると、どういうことなのでしょうか？」

「『ひと言で』とおっしゃいますが、そんなに簡単なものではありません。色々な状況を考える必要があるのです」

そして（どうもちゃんと理解できていないようだ）と思ったのだろう、田村さんは再び要点を絞って説明を再開した。今度も十分以上かかった。しかし私は、やはり全体像を十分に理解できなかった。

残念ながら、田村さんの戦略が成果を出すことはなかった。

事業戦略で検討すべき項目はとても多い。顧客の課題・ニーズはもちろん最重要だが、それ以外にも、市場動向と市場規模、パートナー企業の体制、競合他社の動向、技術動向、自社の商品やサービスの現状、予算、自社の全社戦略、等々だ。

田村さんが説明したような、これらすべてを網羅した戦略を作るには大変な努力が必要だ。しかし成功するとは限らない。戦略を考える際に必要なことは、膨大な項目の中から重要なポイントを見定め、場合によっては他は切り捨てて、明快で骨太な戦略を組み立てることだからだ。

なぜか？　戦略実現にはとても多くの人たちの協力が必要だ。社内のセールス担当者や商品開発、マーケティング、サポートやサービス、パートナー、メディア各社、そして何よりも顧客、皆、考え方は異なる。利害関係もさまざまだ。このような人たちと協業して戦略を推進するには、複雑で精緻な戦略ほど難しい。そして、ともすると失敗する。

田村さんのように、いくら説明しても相手がすんなり理解できない戦略は、たとえ合理的で理論的な戦略であっても、関係者の協力は得られない。孤高の戦略は失敗するのだ。

田村さんは抜群に頭がよいのかもしれない。複雑な状況を整理できるからだ。しかし逆説的な喩えだが、抜群に頭がよくても、コミュニケーションが苦手な人は戦略を立案し実行する立場には向いていない。複雑な内容も理解できてしまうので、戦略をシンプルにせず、多くの関係者と戦略を共有できないからだ。戦略を共有できないと組織は動かない。「彼は頭は抜群によいのだが、組織が動かない」という人はこのパターンに陥っていることがある。

一方で、成功する戦略とはどのような戦略か？

それは紙ナプキン一枚に、万年筆で書けるほど、シンプルな戦略だ。

まさにそのような戦略に基づいて生まれた会社がある。サウスウエスト航空だ。米国で唯一、同時多発テロ以降もレイオフ（業績悪化等による解雇）せず、高収益・黒字経営を続けている大手航空会社だ。

サウスウエストは一九六七年創業。当時、米国国内の都市間の主な移動手段は長距離バスだった。都市間を直結する航空便はなく、ハブ空港を経由する必要があったので、航空便は不便で時間もお金もかかった。

そこで創業者たちは、「運賃が安く、定時運航率が優れていて、便数の多い国内航空会社なら成功する」と考えた。同社の戦略は、創業者たちがサンアントニオのバーで議論しながら備え付けの紙ナプキンの裏に運航パターンを書きなぐった戦略が基になっている。ちなみにこの紙ナプキンは、額に入れてダラスの本社に飾られている。

関係者全員が目標に向かって協力していくためにも、戦略はすぐに理解できるようにシンプルであることが必要だ。一分間も話せば概要を理解でき、誰もが腹落ちするように簡略化するのだ。あるベンチャーキャピタリストは、「名刺の裏に戦略を書けない起業家の案件には投資しない」という判断基準を持っている。さまざまな事業戦略を選別してきた皮膚感覚に基づいた考え方だ（参考文献⑹）。

マイケル・E・ポーターは、「戦略とは競争上必要なトレードオフを行うこと。戦略の本質とは、何をやらないかという選択肢である」と述べている（参考文献⑺）。焦点を絞るためには、本質とは関係ないものは捨てることだ。「大事なことが多すぎて、捨てられない」というのは、戦略構築力の未熟さの裏返しでもある。膨大な情報の中から、必要なエッセンスを見極める判断が求められている。これは実践を重ねると次第に身についてくる力なのだ。

戦略を立てて実行するためには、普通の人の感性を持ち、普通の人の目線で理解できる分かりやすい戦略を立てることが必要なのだ。

3 企画部門と現場は、なぜ話がかみ合わないのか？

あるセールス部からの依頼で、私が所属する事業部の戦略を説明することになった。

今後五年間の全社方針と事業方針、市場状況、今後数年間で注力する分野、それらを踏まえて、全体像を包括《ほうかつ》して、今年の戦略を二十分ほどで説明した。ひと通り説明した後、セールス部の一人が代表して質問した。

「私たちが知りたいのは、あなたの事業部が『私たちのお客様に対して、具体的に今、何をしてくれるか』ということです。その話はないのですか？」

企画部門が話す戦略があまりにも抽象的で漠然としていて、さらに将来の話も多く、「じゃあ、今の自分たちに何をしてくれるのだ」というジレンマを感じる現場の方は多いだろう。一方で、私が経験したように、現場が全体の戦略に興味がないという経験をした企画部門の方も多いはずだ。

企画部門と現場はなかなか話がかみ合わない。それは、企画部門と現場は考え方が正反対だからだ。役割と時間軸の優先順位が違うのだ。

現場の使命は、「今期、今月、今週、そして今日、いかに成果を上げるか?」だ。たとえばセールスの業績は今期の売上達成で評価される。過去・現在・未来の中で、最優先は現在なのだ。目の前の顧客に、その場で解決策を提示する必要がある。だから現実的・具体的に考える。このような状況にいる現場は、未来の抽象論にはあまり興味がない。

企画部門の使命は、「来年、来期に、何をするか?」だ。たとえばマーケティングの業績はブランド認知度の向上や、キャンペーンによる来期の案件の構築で評価される。過去・現在・未来の中で、最優先は未来。「市場」という実態のないものを考えている。だから理想的・抽象的に考える傾向が強い。

時間軸の優先順位および考え方のパターンが異なるので、ともすると現場と企画部門の間でお互いにジレンマを感じることになる。

たとえば、現場は企画部門に対して、「先のことばかり言わず、具体的に今どうするか、答えを持ってきて欲しい」と感じている。

一方で、企画部門は現場に対して、「目先のことだけを考えるのではなく、もっと視野を広く持って、先のことを考えて欲しい」と感じている。

図9　現場と企画は、時間軸の優先順位が異なる

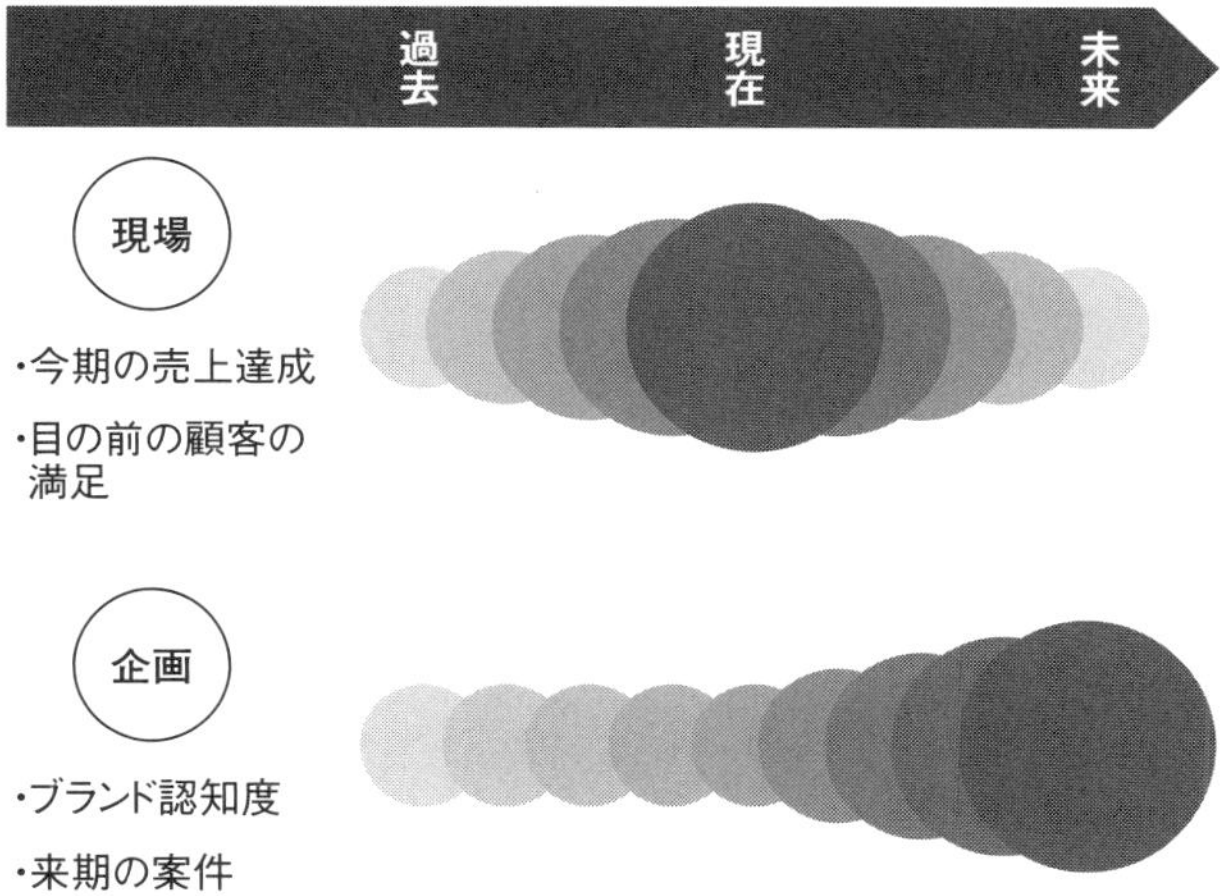

ここで、お互いの時間軸、優先順位、役割分担の違いを意識するとどうだろう？　相手に何を期待し、こちらが何を提供すればよいかを考えて協業すれば、強力なチームワークを生み出せるはずだ。

たとえばマーケティング担当者は来期の案件発掘に注力し、現場セールスは今期の案件刈り取りに注力する、という形だ。役割分担を理解すれば、お互いのメリットは大きい。

両者の考え方は一見正反対だが、目指すところは顧客への価値提供である。アプローチの方法と時間軸が異なるだけだ。本来、本質的な部分で両者が相容《い》れないことはないはずだ。企画部門と現場は、お互い

の役割を理解して密接に協業すれば、顧客に大きな価値を届けることができるのだ。

4 ユーザーの課題を徹底的に絞って見極めると、圧倒的に強い弱者になる

「永井さん、ちょっとそこで待ってて！」

小宮山《こみやま》さんはそう言って、部屋を出ていった。部屋で一人待つこと数分、小宮山さんは開発責任者を連れてきた。

「その時の様子を、彼に話してあげてくれる？」

そう言った後、小宮山さんはまた部屋を出ていった。部屋に残されたのは開発責任者と私の二人。開発責任者は紙に図面を描きながら、

「どういう状況でぶつかったんですか？」

「相手の方はどちらから歩いてきたんですか？」

と丁寧にインタビューをしていく。その間、約一時間。よくこれだけ詳しく聞けるもの

だ、と感心するくらい、詳細に聞き出していく。

　ここはJR京浜東北線西川口駅にほど近いコミーという会社のオフィスだ。社員数はわずか一四名（当時）で企業規模は極めて小さい。零細企業と言ってもいいだろう。しかし実に国内シェア八割を占《し》める商品を開発・販売している。それは、コミーが「気くばりミラー」と呼ぶ商品群だ。

　コンビニやデパート、駅などで、壁や天井にかかっている大きな鏡を見たことはないだろうか？　コミーが開発・販売しているのは、この鏡だ。単なる鏡ではない。平面なのに広い空間を確認できる「FFミラー」、天井に設置し三六〇度見渡せる「ドームミラー」など、コミーしか提供できない、顧客の細かい課題をとらえたユニークな商品ばかりだ。

　国内に留まらない。コミーの商品はエアバス、ボーイングといった大手グローバル企業でも大量に採用されている。乗客が降りた後に荷物スペースに忘れ物や危険物を残していないかを、キャビンアテンダントが迅速にチェックできるように、コミーの鏡を採用しているのだ。

　数年前の猛暑の夏、コミー社長の小宮山栄《さかえ》さんに「遊びにおいで」と声をかけられ、私はオフィスにお邪魔していた。衝突防止ミラーについて小宮山さんが説明している時に、私が「そう言えば先日、会社のオフィスで、出会い頭《がしら》に女性社員と正面衝突しちゃったんですよね。相手はその場で額を抱えてうずくまってしまって……」と言った直後、冒頭の状況になったのだ。

コミーはこのようにして、ユーザーの声を事細かに聞き出して日々知識として蓄積し、次の製品に活《い》かすのである。

その市場規模はとても小さい。年商にして数億円程度だろう。しかし社員一四名ながら、顧客のことを徹底的に熟知しているコミーという圧倒的なリーダー企業があり、シェアの八割を占めている。だから他社は、この市場に参入しようとしない。投資に見合わないのだ。

私たちは、市場を大きく考えると、ビジネスも大きくなっていくと思いがちだ。しかし市場を大きく考えると、顧客の課題はぼやけてしまう。逆にコミーのように、特定のニーズに絞って顧客に価値を提供することを考え、成功している日本企業は多い。

小宮山さんは「他社との競争は嫌い。顧客ニーズに集中して、商品を開発したい」、と日頃から語っている。「気くばりミラー」でどのようにしてよりよい社会を創っていくか、常に顧客目線で考えている。そしてランチェスター戦略で言うところの「弱者の戦略」に徹しているのだ。

ところで、ここで一つ気がつかないだろうか？　冒頭でインタビューされた私は、コミーの商品を買うことはない。コミーの商品を購入するのは、企業の総務部門や、安全対策部門だ。なぜ小宮山さんは、コミーの商品を買うことがない私にインタビューをしたのだろうか？

ある雑誌のインタビューで、小宮山さんが語っていた言葉に答えがある（参考文献⑻）。

役に立つ商品を出し続けるためには、商品を買ってくれる顧客よりも、商品を実際に使う本当のユーザーの声に耳を澄まさなければいけない。だから当社はCS（顧客満足）ではなくUS（ユーザー満足）を追究してきた。

私はコミーの商品は買わないが、街中や駅で、安全確認のため無意識にこの「気くばりミラー」を使っている。実は気がつかない間に「気くばりミラー」のユーザーになっているのだ。だからコミーの開発責任者は、私に詳細なインタビューをしたのだ。本書を読んでいるあなたが都市生活者ならば、おそらく私と同様に、意識しないでコミーの商品を使っているはずだ。

コミーは、ユーザーにインタビューすることで、思いがけない発見をしている。

ある日、大手書店からコミーに「防犯ミラーを提案して欲しい」との依頼があった。それまでコミーはこの書店に売り込みをしていたが、社長判断で防犯ミラーは使わないからと断られていた。社長判断が変わったのは、万引き防止を依頼している保安会社から、「どうしても店内にコミーのミラーが必要だ」という要望があったためだ。保安会社の保安員は私服姿で店内を巡回し、万引き犯を捕まえるプロだ。保安会社の保安員に会い、コミーは万引き防止に取り組む現場の実情を初めて知ることができた。

万引き犯逮捕のためには、犯行の現場を押さえることが必須だ。しかし保安員が一番恐れるのは誤認。一瞬でも見落としがあれば、尾行をやめざるを得なかったのだ。だから保安員にとって、防犯ミラーはまさに必需品だった。保安員はメーカーであるコミーも知らなかったミラーの特性を熟知していた。万引き防止に使われるミラーの真のユーザーは、万引き犯を捕まえる保安員だったのだ。

またユーザーとの対話を通じて、店舗用ミラーは防犯だけに使われているわけではないことも分かった。たとえば接客のプロは、来店客への気くばりのためにミラーを使っていた。どんな店でも、店員は、来店客が見えているほうがよいサービスができるのだ。

商品を買う顧客と本当のユーザーは必ずしも同じではない。実際に商品を使う本当のユーザーを知り、そのニーズを徹底的に見極めることが、ダントツの顧客満足とビジネス成果を生み出すのだ。

5 ライバルは追うな。顧客に全力を集中せよ

二十年前、私はeメール管理システムの製品プランナーとして、「ライバル製品には絶対に負けない！」と気合いが入っていた。ライバルとの詳細な機能比較を行い、開発チームと話し合って、機能面で他社を凌《しの》ぐ優れた製品ができ上がった。そして製品が発表され、私は販売活動を始めた。

たしかに競合他社との機能比較を求められることは多かった。しかし機能比較だけで勝負がつくことは、実際にはほとんどなかった。勝敗を分ける要因は、まったく違うところにあった。それは、顧客の課題に合った提案ができているか、サポート体制はどうか、あ

るいは顧客との信頼関係が構築できたか、といった要因だ。ライバルと激しく競合した時でさえも、機能比較だけで勝つことはほとんどなかった。

ここで、最近あなたが「どうしても欲しい」と思って買った商品を思い出してみて欲しい。お金を出したのには必ず理由があるはずだ。どのような基準で選んだのだろうか？そして他にどのような選択肢を考え、最終的にその商品を買った理由は何だろうか？

私は講演の際に、この質問をすることが多い。そして分かったことがある。機能の多さで商品を選んだ人は、ほぼ皆無。複数の商品を比較検討して選んだ人も意外と少ない。多くの場合、その商品が、その人ならではの「どうしてもこれは譲れない」というアピールポイントを持っているから買っているのだ。つまり、実際に私たちが買う時は、複数商品を比較することは少ない。

不思議なことに、企業側にいると、このことを忘れてしまう。どうしてもライバル企業と比較する。ともすると「ライバルに打ち克《か》つ」という目標を立てて、それを基準に戦略を立てて行動してしまうことすらある。しかし私たちが買い物をする時に複数商品を比較検討しないのと同様に、実際には顧客も多くの場合、自社とライバルを比較していないのだ。

「競合を打倒する」ことを中心に戦略を考えると、相手次第で戦略が変わってしまうことになる。戦略は一貫性を失い、場当たり的になる。たとえばライバルがある機能を提供したら、それを凌ぐ機能を考え出して提供する。ライバルが「従来比五倍」と言えば、こちらも負けじと「従来比一〇倍」の商品を出す。

一見、攻撃的だ。しかし戦略はライバルに左右される。実は、受け身の姿勢なのだ。

では、どうすればよいのだろうか？

最優先で考えるべきは、顧客のどの課題を、いかに解決するかだ。ライバルではなく顧客を中心に考えると、顧客の変化に応じて戦略を柔軟に変えられる。オーソドックスに見えるかもしれないが、これが攻めの姿勢なのだ。ライバル企業を考えることも必要だ。しかし、優先順位は「顧客の課題」の次。最優先ではない。

たとえば、若者向けの車の企画を考えてみよう。競合中心に考えると、自社とライバルの若者向けの車を徹底的に比較調査し、ライバルを凌ぐ車を開発することを考える。しかし最近は、若者が車を買わなくなってきた。より重要なのは、若者が車を買わない原因を理解し、どのようにすれば買うようになるかを考えることなのだ。

若者は車に使うお金を、よりいい部屋に引っ越すことや、よりいいレストランに食事に行くのに使おうと考えているのかもしれない。顧客が持つさまざまな選択肢の中で、自社が提供できる商品やサービスの価値は何か、そして顧客がどのような理由で自社の商品やサービスを購入するのかを考える必要があるのだ。

第1章の「2　顧客に期待以上のサプライズを届けるために、全力を尽くしているか?」で紹介したDVDやテレビのリモコンも同様だ。多くの日本の家電メーカーが作るDVDやテレビは、他社のDVDやテレビがライバルだと考えている。だからどこも同じようなデザインになり、機能の差を競っている。

しかしある韓国メーカーは、「テレビのライバルはスマートフォン」と考えている。実際、消費者はこれまでテレビを観ていた時間をスマートフォンを見ることに使っているので、この考え方は妥当だ。だからテレビのリモコンはスマートフォン並みに使いやすくしなければならないと考えている。その結果、この韓国メーカーが作るテレビのリモコンはボタンも少なく、使い勝手もよいのだ。

ライバル企業だけを見ていると、自分自身がどうあるべきかを見失ってしまう。まず顧客の課題を理解し、自社ならではの価値を提供することだ。ライバル企業と比較するのはその次。第一に考えるべきは、顧客なのだ。

6 三カ月で作る完璧な戦略ではなく、半日で立てた仮説が成功をもたらす

「困った。これまでの企画の方法が、まったく通用しない……」

私はあるプロジェクトを進めていて、行き詰まっていた。

その十年前、一九九〇年代に製品企画を担当していた頃は、私は数カ月かけて新製品を企画し、製品を発表して一～二年かけて販売活動をしていた。この頃は、企画に数カ月をかけるのが普通だった。

しかし、その十年前の方法が通用しないのだ。

プロジェクトの対象範囲はとても広く、非常に多くの人たちが関わっていた。膨大な情報を集めて状況を把握し、分析し、また話し合う。これだけで数カ月。なんとか戦略を立てた。そして数十件の対応策をまとめることができた。しかしその数十件の対応策の一つひとつがかなり大きな作業であり、個別にフォローする余力はなかった。それぞれの対応

策に責任者と期限を決めて、個別に責任者がフォローすることになった。しかし数十件の対応策など、誰もフォローしない。その間に市場の状況は徐々に変わってきた。結局、数カ月のプロジェクトは、何も生み出さなかったのだ。

あなたは企画を次のように立てていないだろうか？

① 目的を受けて、
② 色々な情報を集めて、
③ 現在の状況を把握し、
④ 考察を重ねて、
⑤ 対応を考え、
⑥ 企画案にまとめて、合意を取る。

一九九〇年代までは、この方法も通用していた。しかしご紹介した通り、今やこの方法では企画が進められなくなってしまった。同じようなジレンマを感じている方は多いのではないだろうか？

図10　企画の方法論

①目的を受けて、

②色々な情報を集めて、

③現在の状況を把握し、

④考察を重ねて、

⑤対応を考え、

⑥企画案にまとめて、合意を取る。

現代では、戦略立案と企画の方法論を、大きく変える必要があるのだ。

前述したが、今や「時間」は、「ヒト・モノ・カネ・情報」に続く第五の経営資源だ。戦略を立ててから二〜三ヵ月程度で何らかの成果を求められる。戦略立案だけで数ヵ月も時間をかける余裕はないのだ。

さらに世の中の変化はますます激しくなっている。複雑化する市場の膨大な情報収集と分析に時間をかけている間に、市場そのものが変わってしまう。加えて、私たちビジネスパーソンもますます多忙になり、仕事をいくつも掛け持ちしている。そもそも時間をかけられないのだ。

では、どのようにすればよいか？

実は今の私は、企画に数カ月もかけない。そのかわり、半日で仮説を立てる。そして、すぐに検証する。

たとえば、こんな感じだ。

二年前、私は人材育成マネージャーに異動した。まったく未経験の分野だ。着任早々、チームのメンバーから言われた。

「十日以内に予算の承認を得ないと、来期の予算がもらえません」

これだけではなかった。

「予算は三カ月ごとに承認が必要です。しかもここ数年、予算は削減され続けています」

予算がないと、私たちの人材育成の業務はストップする。そうなると私のチームは何も成果を生み出せなくなってしまう。急がねばならない。

しかし詳細な予算案を作るだけではダメだ。詳細な予算明細を作っても、それが適切かどうかは誰にも判断できない。いかにマネジメントが求めている戦略を作るか？　そこで初めて予算案が承認されるのだ。しかし、それまで人材育成戦略は誰も作ってこなかったし、期限は十日しかない。誰もが「これは無理ではないか」と頭を抱えていた。

私は人材育成の戦略を立てた経験はなかったが、マーケティングのプロとして戦略思考は身につけていた。そこで戦略のたたき台として、三つの「仮説」を作った。

- 事業部が成長するためには、どのような人材が必要なのか？
- その人材を育てるためには、どこに焦点を絞るべきなのか？
- 焦点を絞った人材育成のためには、どのような研修が必要で、いくらお金がかかるのか？

この三つの仮説は、半日で考えた。当然分からない部分もあったが、よしとした。一週間かけて関係者と話し合い、足りないところは補塡《ほてん》したり、チューンアップすればいいからだ。その上で、マネジメントとの予算承認の会議に臨んだ。そこで私は言った。

「この戦略は完璧《かんぺき》ではありません。現時点で関係者と話し合い、ベストを尽くして作った『仮説』です。今後、三カ月ごとの予算承認の際に、実施結果を報告します。得られた結果を次の戦略に反映させ、戦略を進化させます。今回持ってきたのは、最初の三カ月間の案です。ですから、この案に投資してください」

そして予算は承認された。

その後、私は一年以上継続して戦略を改善し、結果をマネジメントに報告し続けた。そして当初の狙い通りにスキルが向上した人材は、さまざまなビジネスを生み出すことができたのだ。成果に伴い、人材育成の予算も大きく拡大していった。

現代では、加速度的に変化が速まっており、数ヵ月で環境が一気に変わる。さらに三ヵ月以内に成果を出すことが求められている。企画に三ヵ月もかけることは許されないのだ。

しかしここで紹介したように、半日でたたき台となる仮説を作り、短期間で実行結果を検証しながら、修正を繰り返して、仮説をチューンアップする方法ならば、企画に三ヵ月もかける必要はない。難しいことは何もない。緩い方法に見えるかもしれない。しかし、これこそが「仮説思考」なのだ。

FacebookCEOのマーク・ザッカーバーグは、このように言っている。

「完璧を目指すより、まず終わらせろ」
Done is better than perfect.

現代のビジネスパーソンは、仕事が速くなると計り知れないメリットを得ることができる。さらに、仮説検証プロセスを日々継続することで仕事の品質も大きく上がる。

現代では、戦略は「仮説」であり、柔軟に修正する必要がある。しっかり検証し、問題点を把握して、次のステップで確実に改善することが大切だ。着実な検証と改善を通じて、戦略はより高度なものに成長していく。戦略は、必ず検証とセットで考えるべきなのだ。検証方法について詳しくは、「第5章　戦略を検証し、改善する力」を参照されたい。

第4章

戦略を実践する力

1

【製品開発】いかに壁を乗り越え、分散した知恵を集めるか？

「今まで苦しんでいたのは、何だったんだろう？」

私は拍子抜けしてしまった。

マーケティングマネージャーになって、それなりに経験も積んだ頃のこと、私は企画力に自分なりの自信を持ち始めていた。しかし、作った企画はなかなかうまく進まない。万全だと思っている企画でも反対にあう。そこで徹底的に議論して納得してもらう。そしてまた別の人と衝突する。必ずしも企画が間違っているわけではない。しかし対立する。その繰り返しだった。

考えた末、私は方法を変えた。それまでは自力で企画を完成させ、周りを説得していた。それをやめたのだ。「しょせん自分ですべてを考えるのは無理だ。だから、みんなの意見をちゃんと聞くようにしよう。そして、いいものはどんどん取り入れて企画を作ろう」。そのように考えて、私は目的と方向性、それを実現するためのたたき台の案を作るに留めて、お膳立てに徹するようにした。

すると不思議なことが起こった。実にさまざまなアイデアが集まり始めたのだ。色々な立場にいる人は、その人しか知らない知恵を持っている。そのようなたくさんの人たちの知恵が結集した企画が作れるようになった。たとえば三人の知恵が共鳴し合うと、一人の三倍の知恵に留まらず、お互いに増幅されて数十倍の知恵が生み出される。一〇人が集まると数百倍・数千倍だ。しかも、より少ない労力で企画を作れるようになった。それまで自分で企画を押し通そうと苦労してきたが、実際には、他の人たちの知恵を殺していたのだ。

このことは、実は製品開発でもまったく同じだ。売れる製品を作り出すには知恵を集めることが必要だからだ。

ビジネスモバイルサービスの開発・販売を行っているe-Janネットワークス社長の坂本史郎さんは私の友人だ。坂本さんは企画段階で社内で議論したコンセプトを絵にして、社外の二〇社くらいに意見を聞いて回っている。そして坂本さんが、「外脳」と呼ぶ二〇社に叩かれたコンセプトを基に試作品を作る。そしてその試作品を基に、さらに既存ユーザー約五〇社の意見を聞く。既に自社製品を使っている既存ユーザーなので、共有された知識を基に、より焦点の絞られた議論ができる。その上で本格版を開発しているのだ。そしてリリース後が勝負になる。市場からのフィードバックを基にした長い継続的改善が始まる。

ネットワーク関連商品の開発・販売を行っている日本シー・エー・ディー社長の小保光《こまたみつ》之《ゆき》さんも、私の友人である。小保さんは、顧客から「こんなものは作れないか？」と相談されて、数日でプロトタイプを作り、顧客とともに機能と品質を検証する。そして徐々に品質向上を図り、商品化している。小保さんは、「自分が考えた商品は自己満足で終わってしまうことが多いが、相談を受けて作ったものは、第三者の視点で評価され、売れることが多い」と語っている。

坂本さんと小保さんのアプローチは異なる。しかし共通するのは、社内外を問わず、色々な考え方を持った人たちが一体となって議論し、知恵を出し合う場を作り出すことで、商品開発力が格段に高まることを理解している点である。

ニーズや課題は顧客の頭の中にあるが、顧客は必ずしもそれを認識しているとは限らない。一方で企業にいる社員は、顧客の課題が分かれば、解決案を作り出せる知恵を持っている。顧客自身も気づいていない課題を知っていることも多い。そしてこれらの知恵は

図11　分散した知恵を集める

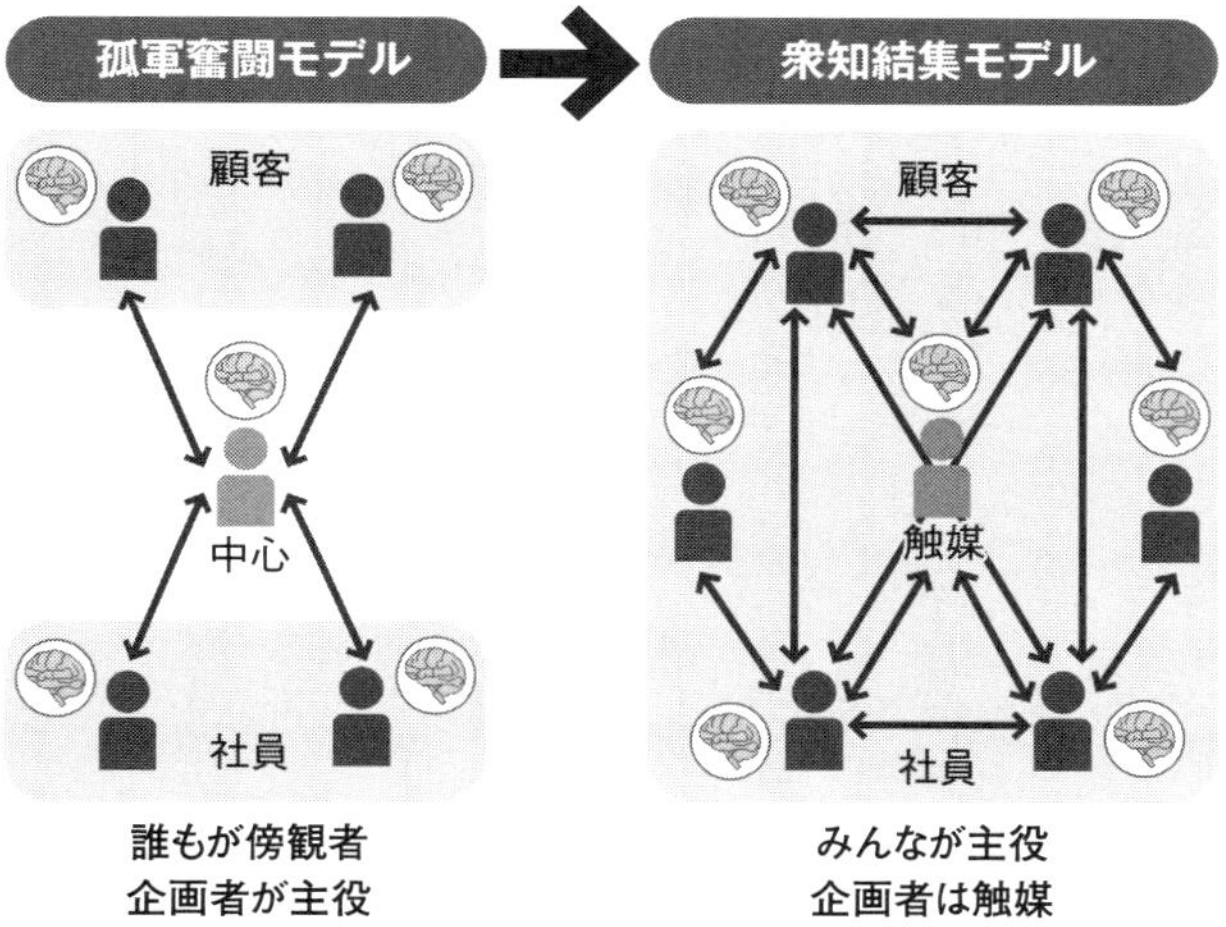

色々な社員に分散されている。しかし社員も、必ずしもすべての顧客の課題やニーズを把握しているわけではない。

製品開発に役に立つ知恵は、色々な人の頭の中に断片化され、分散しているのだ。だからそれぞれの頭の中に分散された知恵を集めることが重要になる。「孤軍奮闘《こぐんふんとう》モデル」では限界がある。できるだけ多くの顧客や社員が対話し、顧客の課題と解決策を常に探り合う「衆知結集《しゅうちけつしゅう》モデル」への進化が必要だ。

この項の冒頭でご紹介した私の例のように、チームの協業で、非常に高い成果を短期間で生み出した経験を持つ方も多いだろう。それはチーム一人ひとりの知恵が共鳴し合った結果なのだ。一人が知っていること、考えられること、実行できることには限界がある。さまざまな知恵を持っている人がいるのに、これらの知恵が活かされないのは実にもったいないことだ。組織の壁を越えてお互いの知恵を出し合い、議論を通じて磨き上げることで、大きな成果が上げられるのだ。

顧客の言いなりになっていてはいけない。自分たちだけで考えても限界がある。まして一人で考えられることはたかが知れている。顧客と社員がお互いの知恵をやり取りする仕組みを作り、社内でも組織の壁を取り払ってオープンに議論する場を作ることで、製品開発力は格段に高まるのだ。

2 【製品開発】作りたいものだけを作り続けていては、負け続ける

その製品開発部は、技術に一家言《いっかげん》ある「匠《たくみ》」の集まりだった。製品もこだわりの逸品揃い。しかし売れない製品が多かった。

その製品の販売を担当しているセールス部長は、「あの開発部が作る製品は、お客様のことなんか一つも考えていない」と日頃から声を上げていた。その声が経営陣に届いたのかもしれない。そのセールス部長は、なんと人事異動でその製品開発部の責任者になった。文句を言う立場から、自ら責任を持って製品開発を指揮する立場に変わったのだ。その日から、その部長の新たな戦いが始まった。

それまで製品開発部のほとんどのメンバーは、自分たちの製品を使っている顧客に会ったことがなかった。まず部長は、そのことに驚いた。そして部下の開発マネージャーたちに「お客様に会ったこともないのか？　すぐに会いに行け」と厳命した。そして自分自身も率先し、誰よりも多く顧客に会い、話し合った。しかし製品の品質は低く、機能も不十分。訪問先の顧客からは罵詈雑言《ばりぞうごん》の嵐だ。部長は、そのフォローを開発マネージャーに命じる。「なんで口うるさいお客様に会わなければいけないんだ」と最初は陰で部長のやり方を批判していた開発マネージャーたちも、徐々に身をもって顧客の実態を理解し始めた。

開発マネージャーたちは、特にトラブルが多発する顧客のオフィスに、部下のエンジニアを常駐させることにした。エンジニアたちも罵詈雑言に耐える一方で、顧客の現場で多くのことを学び始めた。

時が経ち、それまでオフィスで聞こえてきた「オレたちが作りたいのは……」という言葉が、「お客様がやりたいことは……」という言葉に変わっていった。部の雰囲気も徐々に変わっていった。

そして顧客の要望を基に、新たに製品を開発することになった。匠たちが、顧客の声を徹底的に聞き、自分たちのこだわりの技術を結集して作った製品群だ。その製品群が発表されると、多くの顧客は、その製品群がこれまでは違ったものになっていることを感じ取っていた。


「ものづくり」という言葉がある。ともすると、作り手側のこだわりばかりが優先されてしまいがちだ。しかし、顧客ニーズに基づいた商品開発は、本来日本企業が得意としていた分野であるはずだ。

加えて現代では、自分たちが作りたい製品だけを作っていても、決して売れない。まず顧客が欲しいと思う選択肢に入ることが必要だ。

第3章の「4　ユーザーの課題を徹底的に絞って見極めると、圧倒的に強い弱者になる」でもご紹介した「気くばりミラー」と呼ばれる商品群を開発・販売しているコミーは、創業当初は看板業だった。顧客からの注文に応じて受注生産で看板を作っていた。そのコミーがミラーを手がけて商品開発型企業に舵を切ったのも、顧客の声がきっかけだった。

一九七七年、看板業を営《いとな》んでいた小宮山さんは、アクリル製の凸面鏡をはり合わせた回転看板を試作し、展示会に出展してみた。天井からつり下げられた回転看板は、クルクルと回り、ミラーに周囲の様子が映し出される。そこへあるスーパーから三〇個の大量注文が入った。実際にどのように使っているか聞いたところ、使用目的はなんと万引き防止だった。これがコミーが受注生産型の看板業から、商品開発型のミラーメーカーに脱皮するきっかけだったのだ。

「気くばりミラー」の販売が軌道に乗ったコミーは、今度は銀行の現金自動預払機（ATM）用の後方確認ミラーについて、自社のミラーが役立っているか、現場でユーザーにインタビューを行った。すると、意外な回答が返ってきたのだ。

「マジックミラーになっていて、顔を撮影されていると思っていた」

意外なことに、ユーザーは不快感を持っていたのだ。その後、ミラーに「後方確認用ミラー」と使用目的を明示することになった。
小宮山栄社長はこのように語っている（参考文献⑻）。

ユーザーの声を聞かなければと頭では分かっていても、メーカーというものは、ついつい作り手の発想に陥ってしまう。これほど怖いことはない。

作りたいものだけを作り続けていては、負け続けるのだ。「作り手視点のものづくり」から「顧客視点のものづくり」への進化が求められている。成功するものづくりとは、常に顧客に対して謙虚な気持ちを持ち続けることから始まるのだ。

3 【価格】値引きは麻薬。だから価格勝負はやめて、価値勝負

「この製品の最大の問題は、高いことです。この前もお客様に『いい商品なんだけど、他

社と比べて価格が高い。下げてくれれば買うんだけどね』と言われました。いい製品でも、値段を下げなければ誰も買ってくれません。値下げを検討してください」

ある打ち合わせで、そのセールスが強く要望してきた。

しかし一方で、こんなセールスもいた。

「値下げして欲しいというセールスがいるそうですね。やめてください。困ります」

そのセールスは、顧客とともにじっくりと課題を掘り下げて、あるべき姿をともに描き、解決策を実現できるこの製品を提案していたのだ。顧客も彼を信頼している。手間をかけて成約までもってきた彼にとっては、安易に値下げをされては、これまでの営業努力の甲斐《かい》がないのだ。

「価格競争が激しいから、当社も値下げで対抗だ」

このような主張はよく見かけるが、必ずしも正しくはない。

価格競争への対応は、値下げで応戦することだけが唯一の解ではない。付加価値を上げて価格競争からは一線を画して戦う方法もある。別の顧客層を攻める方法もある。価格競争で低収益になった市場からは、いっそ撤退してしまうという決断もある。選択肢は多いのだ。「価格競争だから、うちも低価格で勝負だ」という考え方は短絡的であり、唯一の解ではない。

価格勝負は、必ずしもよい選択肢ではない。むしろ徹底的に避けるべきだ。たしかに売上低迷の打開のためには、値下げは即時的な効果がある。たとえば特売をすると、普段は高い商品が安くなり顧客は喜ぶ。期末に特売して目標達成することもある。「最後は値引きで、なんとか売上目標を達成してきた」という方も多いだろう。一見すると誰もが喜ぶのでいいことずくめのようだ。しかし実は、値下げは怖いのだ。

日本国内で、値引きがどのような効果をもたらすかを調査した研究がある。複数店舗で値引き額を変えて同一商品を販売し、売上がどうなるか長期間調査したのだ。結果は次の通りだった。

- 常に一定価格の店では、商品はコンスタントに売れた。
- 普段はやや高価格、週末には半値で特売の店では、普段はまったく売れず、特売時のみ爆発的に売れた。

ここから分かることは、特売や値引きは、適正価格で購入する顧客の買い控えを生んでしまう、ということだ。これは自分が客の立場になると分かるだろう。「この店は週末に特売をする」と知ると、普段は買わずに週末に買うようになる。

大きな店なのに、平日は閑散としている店を見たことはないだろうか？　これは、週末には価格に敏感な消費者がたくさん来店し爆発的に売れるものの、ウィークデーの通常価格ではまったく売れない、という悪循環に陥った結果なのかもしれない。店舗の稼働率も悪く、経営上も大きな問題だ。

これは法人ビジネスも同様だ。期末の値引き勝負による目標達成が続くと、顧客は期の途中で契約せずに期末まで粘って交渉するようになる。顧客にとっては調達コストを下げられるので合理的な判断だ。しかしセールス担当者は案件ごとの値引き交渉に走り回るようになり、成約までの期間も長期化する。セールスコストは上がる一方で、売上は下がる。さらに期末に契約業務が集中する。

値引きは「麻薬」だ。

繰り返すが、たしかに値引き販売は即効的な効果がある。しかしその反面、顧客は通常価格では買い控えるようになり、企業の体力を徐々に失わせる。

私たちは「価格勝負」はやめて、「価値勝負」をするべきなのだ。

図12　あなたは、どちらで勝負する?

価格勝負		価値勝負
社内値引き交渉力	セールスのスキル	課題把握＋提案力
最安値の企業 (トップシェアのみ)	勝つのは?	高付加価値の企業 (実力次第)
調達コスト削減	顧客の価値	価値向上、感動
供給者の中の1社	顧客との関係	信頼するパートナー
低収益	会社業績	高収益

「価格勝負」をするために必要なセールスのスキルは、社内の値引き交渉力だ。そして価格勝負は低コストで大量に販売する企業、つまりトップシェアを持っているリーダー企業が必ず勝つ。しかし勝ったところで、顧客は数多くある供給者のうちの一社としてしか見てくれない。そして収益は低い。

「価値勝負」をするために必要なセールスのスキルは、顧客の課題を徹底的に理解して、高い価値を提案できる力だ。そして顧客のことを考え抜き、提案力がある企業が勝つ。顧客自身の価値も向上し、顧客は信頼するパートナーとして見てくれる。そして収益性も高いのだ。

「価格勝負」と「価値勝負」、あなたはどちらで勝負したいだろうか？

4 【価格】得意客を裏切る値引き

その女性用ブランドは、品質もデザインも秀逸だった。ファッション雑誌でもよく取り上げられていた。私の妻は、このブランドのファンだった。

ある日、そのブランド直営店で妻はお気に入りの服を見つけた。やや高かったが、とても気に入ったので定価で買った。

その帰り道、家の近所に別の直営店があったので立ち寄ってみたら、なんと同じ商品が七割引きで売られていた。そして、このようなことが何回か続いたのだ。

実際に経験してみるとよく分かる。このようなことが続くと、たとえどんなに気に入ったいい商品であっても、「買ってよかった」という満足感は消え失せるのだ。そして「定価で買った自分は間違っていた」と自分を責めてしまう。次に気に入った商品を見つけても、「もしかしたら他の店でもっと安く売っているかもしれない」という考えがよぎるようになる。買うのを躊躇《ちゅうちょ》するようになるのだ。

まさに、第2章「5　慎重に選んで買ったカメラの記事が、なぜ購入後も気になるのか?」で紹介した「認知的不協和」が起こるのだ。

残念なことに、このブランドはほどなく日本から撤退した。私たちが知り得ない事情もあったのだろう。しかし、いい商品にもかかわらず価格が統一されておらず、定価で買った得意客が失望して客離れが起き、値引きしないと売れず、値引きが常態化する悪循環で収益が低下したことも大きな要因だと想像している。

もしかしたら、各店舗に価格付けが権限委譲されており、各店舗は店長や店員の判断で値引きしていたのかもしれない。「現場への権限委譲」というと聞こえはいい。しかし実態は、価格戦略策定の怠慢《たいまん》だ。

実は私も、男性用ブランドで同じ経験をしている。素晴らしい品質とデザインが気に入っており、定価で買うことも多かった。そして先の女性用ブランドと違い、この男性用ブランドは全店で価格は一定だった。しかしシーズンが過ぎると、必ずアウトレットショップで大幅割引セールを行う。シーズンオフに安くなることが分かっているので定価で買うのを躊躇するのは、先の女性用ブランドと同じだ。残念ながらこの男性用ブランドも、日本では店舗が次々と閉鎖され縮小傾向にある。

定価で買う顧客は、本来は得意客だ。不用意な値引きは得意客を裏切り、ブランド価値を損なうのだ。

5 【価格】シェアで圧倒する大手を相手に、保険料半額を実現したライフネット生命

私は社会人になった二十代、親戚の紹介で、大手生命保険に加入した。加入当初は、保険料は毎月数千円程度。大きな負担ではなかった。

しかし、この生命保険の仕組みは分かりにくかった。保険料は十年ごとに値上げされた。それから年月は流れて四十代後半、保険料を数万円に値上げするという通知が届いた。その保険は複数種類の複雑な組み合わせになっていた。私を二十代の頃から担当している生保のセールスレディに、保険のどの部分が何に該当し、どのような場合に保険金が支払われるのかを質問しても、彼女は明確に答えられない。しかも十年後はさらに値上げ

するとのことだった。負担額はますます増大する。

ちょうどその頃、講演でライフネット生命保険社長（当時。現在は会長兼CEO）の出口治明さんのお話を伺う機会があった。「保険料は大手の半額」との話だった。試しにライフネット生命のサイトで試算したところ、本当に自分の保険料が半額以下になることが分かった。そこで私は大手生命保険は安い一部分のみを残して大部分を解約し、残りはライフネット生命に切り替えた。

一般に、価格勝負で勝つのは、低コストで大量に販売する企業、つまりトップシェアを持っているリーダー企業だと言われている。シェアが一番大きい企業だと固定費を下げることができ、業界で一番安いコストで商品を提供できるからだ。

二〇〇八年創業のライフネット生命は、大手生命保険会社と比べるとシェアはとても小さい。けれどもライフネット生命は創業五年で契約件数が一八万件を超えて成長を続け、海外の保険会社からの問い合わせも増えている。

なぜ新興のライフネット生命は、大手生保の半額で保険を提供できるのだろうか？

その理由は、大手生保と比べて、はるかに低いコスト構造を実現できたからなのだ。

保険料は純保険料（保険金・給付金の原資）と、付加保険料（人件費、店舗費、光熱費、

図13　ライフネット生命は、ネット販売に特化し、圧倒的な低コストを実現

［死亡保険の例］

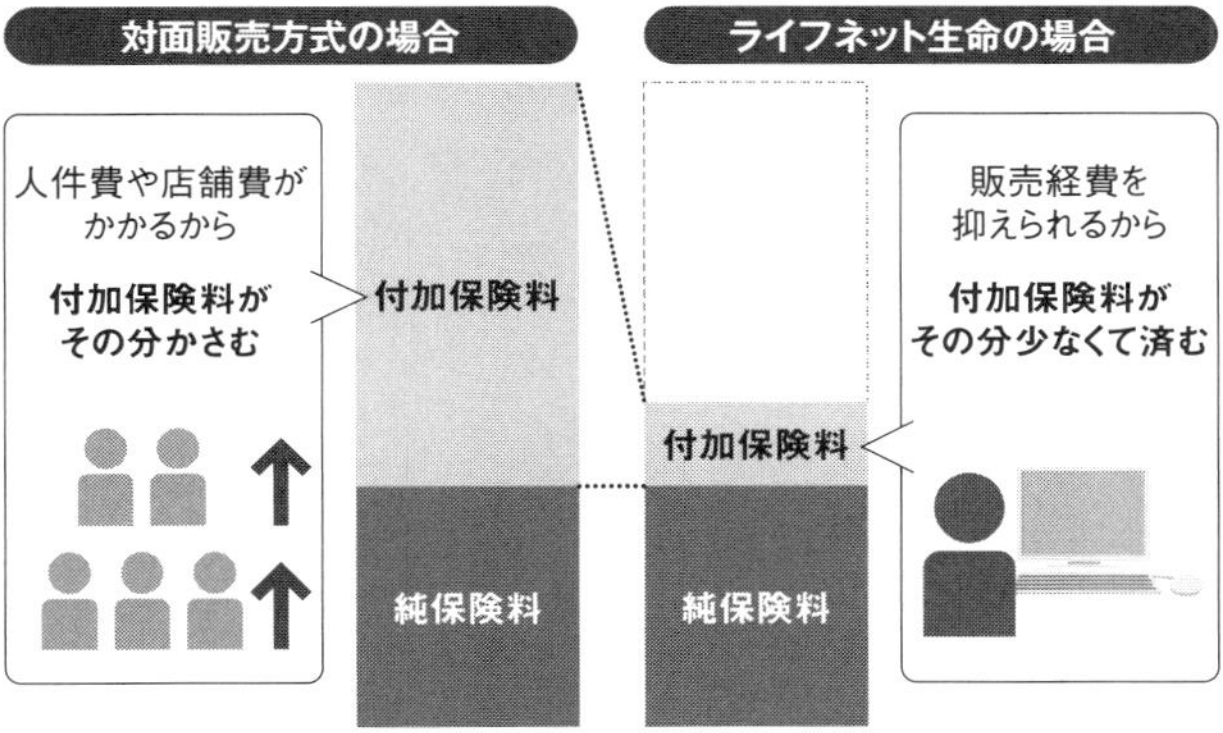

対面販売方式の場合
ライフネット生命の場合
人件費や店舗費がかかるから
付加保険料がその分かさむ
付加保険料
純保険料
付加保険料
純保険料
販売経費を抑えられるから
付加保険料がその分少なくて済む

※付加保険料と純保険料の割合は、年齢や商品の種類などにより異なります
ライフネット生命ホームページより　http://www.lifenet-seimei.co.jp/about/detail/01.html

他）から構成されている。ライフネット生命は、これまで生命保険各社が非公開としていたこの構成の内訳を、業界で初めて公開した。

　たとえば三十歳の男性が期間十年で三〇〇〇万円の死亡保険に入ると、ライフネット生命の保険料は毎月三四八四円。うち純保険料は二六六九円。付加保険料は八一五円（二〇一三年七月時点）。

　これがある大手生保だと二倍の七〇〇〇円前後になる。純保険料はどこもほぼ同じだ。つまり大手生保は付加保険料が四〇〇〇円を超えているのだ（参考文献⑨）。

　大手生保の付加保険料が高い理由は、GNPと言われている販売方法だ。「義理・

人情・プレゼント」の略だ。このGNPは、三十年近く前に私が保険に加入した頃は、大手生保の絶対的な強みであった。しかし同時に、この手間がかかる保険の販売方法は純保険料を上回る手数料を必要とし、高価格になっているのだ。

ライフネット生命はネット販売に特化し、GNPの部分をなくした。だから付加保険料が安くなり、商品も半額で提供できるのだ。

では大手生保もライフネット生命と同じように一気にスリム化できるかというと、それは難しい。現在の確立した販売チャネルは簡単には変えられないのだ。これまで大手生保の絶対的な強みであったGNPの仕組みが、今や足かせになっているのである。

実はライフネット生命は、日本で七十四年ぶりに生まれた独立系生命保険会社でもある。戦後に生まれた数多くの生命保険会社は、すべて大手生命保険の系列だった。新規参入が難しかった理由は、規制に守られた高い参入障壁だ。大手生保がGNPと言われる販売方法を長年継続できたのも、この参入障壁のおかげだ。ライフネット生命は直球勝負でそこに風穴を開けたのだ。

ライフネット生命ホームページの会社情報には、

正直に
わかりやすく、
安くて、便利に。

と書かれている。

ライフネット生命は、あくまで顧客本位を原点に、強いパッションと実行力で生命保険の高い参入障壁を突破し、生命保険業界を変革したからこそ、半額のサービスを実現できたのである。

6 【セールス】ハンター型からファーマー型へ進化するセールス

私が新社会人の頃の日本は、高度経済成長期のまっただ中だった。この頃、「伝説のセールス」と言われる人をよく見かけた。顧客が言うことに対して、決して「できない」とは言わない。新規顧客であっても一人で顧客の元に出かけて案件をまとめてきてしまう抜群のセールススキルを持っているスーパーマン。いわゆる「ハンター」と呼ばれる人たちだ。彼らは案件を自分で見つけ出してきて、確実に仕留めるのだ。

しかし、最近ではそのようなタイプのセールスは見かけなくなった。セールスのスキルが低下したからではない。市場が変化したからだ。

人類の歴史に喩えると分かりやすいかもしれない。顧客を獲物に喩えるのは適切ではないかもしれないが、あくまで分かりやすくするための喩えなので、ご容赦《ようしゃ》いただきたい。

数万年以上前、人類の多くはまさに「ハンター」。狩猟生活を営んでいた。このような狩猟生活は自然界に獲物が豊富にあったからこそ可能だったのだ。この時代、獲物は見つけたその場で確実に仕留めていた。そのためには、狩りの個人技を究《きわ》めることが必要だった。

狩猟生活をしていた人類は、ある時期から農耕生活を開始する。氷河期が到来し、獲物が減少して自力で食糧を確保する必要性に迫られたから、という説もある。あるいは人口が増えすぎて狩猟だけではまかなえなくなったからだ、という説もある。いずれにしても、農耕生活は個人プレーではできない。チームワークで食糧となる作物を大切に育てて

図14　セールスの進化

	ハンター型	ファーマー型
時代は…	高度成長期 （案件がたくさんある）	成熟期 （案件が増えない）
案件は…	見つけて仕留める	自分で育てる
営業活動は…	個人技を究める	チームワークで対応
顧客要望には…	「できない」は禁句	「できない」もあり

いくのだ。

実はセールスの現場で起こっていることも、これと同じだ。

需要が飽和し顧客ニーズが高度化する現代では、古きよき時代の個人プレーに頼ったセールススタイルでは、多様化する顧客の要望に対応できない。そこで、高度化する顧客ニーズにはチームワークで対応していくことになる。たとえば、顧客の業界の課題を分析し、その解決手段に対応する解決策を開発する。そして顧客からの要望に応じて提供する。顧客の要望と解決手段が合わない場合、「対応できない」と断ることもありうる。

案件を「見つけて仕留める」から「育てる」へ、「個人技」から「チームワーク」へ、「何でもできます」から「これならできます」へ。セールスはハンター（狩猟）型からファーマー（農耕）型へと進化しているのだ。

7 【セールス】現代のトップセールスは、謙虚で誠実

三十年前によく見かけた、ハンター型の押しの強い「伝説のセールス」は、今はあまり見かけなくなった。逆に最近見かけるトップセールスはこんなタイプだ。

物腰はとても柔らかだが、相手に対して言うべきことは筋道立ててしっかり伝える。とても幅広い製品知識を持っていて、かつ必要なポイントはしっかり押さえている。顧客・社内外を問わず、人にとてもよく気を遣い、チームワークの大切さを理解している。人間的にも謙虚で誠実。決して大言壮語《たいげんそうご》しない。言っていることが信頼できる。

私の周りだけかと思っていたが、どうも違うようだ。

「日本一のセールス」と聞いて、どんな人を想像するだろうか？　まさにハンター型の

「体育会系で押しの強い人」や、「セールスひと筋○○年でアクの強い人」を想像しがちではないだろうか？

『日経ビジネス』二〇〇六年十月二十三日号の特集「まだコストダウン競争ですか？　日本一売る！　逆風を商機に変えた人たち」で、各業界の日本一のセールスが一八人登場している。「たとえ石ころでも、オレは売ってみせる!!」といった豪腕タイプのセールスは皆無だ。実際、「最初は顧客に声もかけられなかった」という人もいる（参考文献⑽）。

また、セールス経験年数とも無関係だ。たとえば「薄型テレビ販売日本一」で、平均で平日は一〇台、土日は二〇台売っている人は、経験二年半の二十歳の女性だ。

日本一のセールスたちに共通しているのは、誰もが「顧客を理解すること」「顧客に行うべきこと」を、日々の具体的な行動に落として徹底的に考え、目の前の顧客に対して毎日ひたすら愚直に実行し続けている点だ。この小さな積み重ねが大きな差になり、日本一のセールスと普通のセールスとの違いを生んでいるのだ。必要な資質は、愚直な実行力と謙虚さだ。押しの強さではない。

興味深いことに、この一八名には「競合といかに差別化するか」といった視点は皆無だ。現場で顧客のことを徹底的に考え続け、考えたことを愚直に実行し続けているのだ。

たとえば投資信託販売日本一のセールスは、投資信託の仕組み、利益が出る理由、さらに顧客にとってネガティブ情報である元本割れリスクまで、時間をかけて見込み客に説明している。一人に三時間かけて説明して契約をもらえないこともあるし、二時間かけて一万円しか買ってもらえないこともある。しかしその一万円買った人が、一ヵ月後に四五〇万円購入することもある。「あなたなら信頼できる」と顧客に評価された結果だ。

新原浩朗著『日本の優秀企業研究』では、日本の優秀企業を「自分たちが分かる事業を、やたら広げずに、愚直に、真面目に、自分たちの頭できちんと考え抜き、情熱をもって取り組んでいる企業」と定義している（参考文献⑾）。「愚直に真面目に情熱をもって真剣に、顧客のことを考える」のは、成功する日本企業と個人の共通パターンなのだろう。

この記事で紹介されている一八人も、本当にいい顔をしている。その表情からも、セールスという仕事に自分の想いを込めていることが伝わってくるのだ。

8 【プロモーション】少ない予算でも、大きな成果を出す方法

あり得ないことが起こった。

その半日セミナーには、事前申し込みした顧客が全員出席した。さらに当日、「どうしても参加したい」という人も二人駆けつけた。出席率は一〇〇％を超えた。通常の顧客向けセミナーは、出席率は五〇％程度が常識。誰もが驚いた。

さらに三カ月後の第二回セミナーでは、参加者は一〇〇人を超えた。参加者は全国から集まったコールセンター長たちだ。

自然発生的にコミュニティが生まれた。コールセンター長同士でコールセンターを訪問・見学し、工夫や活用状況について意見交換する。さらにコミュニティメンバー数百人に定期的にメールマガジンを届ける試みも始まった。顧客との関係は、より強化できた。

これは十年前、私がマーケティングマネージャーとして企画した、コールセンター長を対象としたプロモーションだ。当時、コールセンターの分野で、このようなベンダー主導

の顧客コミュニティプログラムは他になかったので、業界では大きな話題になった。コールセンター長は、自社のコールセンターへの投資決定権限を持っている。必然的にビジネスに繋がる案件も数多く生まれた。

しかしながら、このプロモーションの予算は潤沢《じゅんたく》ではなかった。それどころか、通常の予算の一〇分の一以下。極めて少なかったのだ。一方で、効果は通常のプロモーションの一〇倍以上。投資対効果はケタ違いに大きかったのだ。

どのように実施したのか?

何も魔法はない。忠実にマーケティングの基本にのっとって、実施しただけだ。最初に行ったことは、顧客の課題の把握だ。

実は当時、企業の中でコールセンター部門の位置づけは必ずしも明確ではなかった。本来は、コールセンターは顧客の生の声が集まる最前線。企業にとって戦略部門とも言える。しかしながら、企業によっては「顧客のクレームが集まる厄介なお荷物部門」と考える向きもあった。多くのコールセンター長は、社内で微妙な立場に置かれていたのだ。社内で連携できる部門も少ないし、社外との繋がりもない。顧客のクレームはどんどん集まってくる。予算は削られる。コールセンター長は孤独だったのだ。

そこで、「コールセンター長同士が集まり、意見交換できる場があればいいのではないか？」と考えた。それがこのセミナーだったのだ。

当時、コールセンター市場は成長期だった。企業が「とにかくコールセンターを作って問い合わせに対応できるようにしよう」という段階から、「ちゃんと投資対効果を見極めて導入しよう」という段階に変わってきた時期でもあった。顧客の最大の関心は業務課題の解決方法を知ることだった。最新のコールセンターにおける課題と解決方法を、お互いに共有することが大切だったのだ。

そこで私は、思い切ってセミナーでは製品説明を割愛した。そのかわりに、顧客に自社事例を紹介していただくようにした。説明のポイントは「業務課題は何だったか？」「どのように解決したか？」。顧客は、すべて私たちの製品とサービスをお使いいただいているユーザーだ。顧客事例は、私たちの製品とサービスのバリュープロポジションそのものを体現していた。だから、改めて製品を説明する必要はなかったのだ。あわせて最新技術の説明も加えた。あくまで技術であり、製品名はここからも排除した。

では、どのようにしてこれらの顧客を集めたのか？

私はセミナー対象者を「大企業でコールセンターを運営する責任者」に絞り込み、全社の顧客データベースの中から候補者を抽出した。さらに、セールスなど社内関係者から入手した顧客の名刺情報も加えた。その結果、一〇〇〇人のリストができた。そして私はこの一〇〇〇人を一人ずつ細かくチェックした。たとえば企業の業務内容、部門名、役職をその企業のホームページで個別に確認し、プロモーションの対象でなければ除外した。一〇〇〇人程度ならば、二日かければ自分一人で全件チェックができた。

「対象外であっても、わざわざ除外する必要はないのではないか？」と思う方もおられるかもしれない。しかしこのセミナーには、本当に必要な人だけに参加して欲しかったのだ。単に「参考になるから」あるいは「勉強したいから」という人が参加すると、全体の熱気が下がってしまう。そこであえて対象者以外は除外したのだ。

そしてこのリストの人たちにセミナー案内をダイレクトメールで送った。この程度の人数ならば低コストで済む。そして申し込み率は異常に高かった。企画した内容が、まさに対象であるコールセンター運営責任者のニーズにピッタリと合っていたのだ。

実は当初、このセミナーに対して、現場のセールスの半分は大いに賛成、半分は反対だった。賛成意見は「これこそまさに、お客様が求めている活動だ」。反対意見は「自分たちセールスを経由せず、ダイレクトメールでお客様に案内されるのは困る」。しかし第一回セミナーが成功し、参加した顧客が満足したという結果が伝わると、ほとんどの現場のセールスは賛成に回った。「やはり顧客の声が現場を動かすのだ」と再認識した。

このセミナーでは毎回、アンケートを実施し、顧客の課題を定量的・定性的に定点観測していた。おかげで顧客の課題の変化をリアルタイムに把握でき、ライバルに先んじて事業戦略で先手を打つこともできた。顧客の変化を真っ先に知ることが、いかにビジネスで有利に働くかを実感できた。

企業にとって、コストは常に削減すべき対象だ。それはマーケティング予算も同様だ。削減され続ける予算で、いかに効果的にプロモーションするかが問われているのだ。このような環境でこそ知恵を絞り、基本にのっとって実施すべきなのだ。

このプロモーションの場合も、予算や人員が限られているからこそ、基本に立ち返って知恵を絞り、企画やコミュニケーション全般を自分で実施し、内容をすべて把握することで、きめ細かい対応を実現できたのだ。

たしかに潤沢な予算がなければ実施できないプロモーション活動も多いが、いつも潤沢な予算があるとは限らない。しかし、予算はプロモーション活動の必要条件ではない。

常にマーケティングの基本にのっとって、ターゲット顧客の課題とバリュープロポジションを考え抜き、ターゲット顧客の課題を知り、課題解決を図るための価値・コンテンツ・コミュニケーション方法を首尾一貫して考え、分かりやすくシンプルに伝えることが大切なのだ。

9

【プロモーション】信長の妹・お市は、人に伝えることの本質を理解していた

「広告にあんなに大金を使うのは無駄ですよ。私たちが同じお金を使えば、もっと売上を上げられます」

そのように言うセールスを見かけることがある。たしかに企業は広告に巨費を投じる。何億円・何十億円という大金をかけることも珍しくない。だからこのような疑問を持ってもおかしくない。

なぜ企業は、広告に巨費を投じるのか？

ここで有名ブランドのロゴマークを思い出しながら考えて欲しい。

コカ・コーラには、赤字に斜体がかかった〝Coca-Cola〟のロゴマークを見ただけで「すっきり。さわやか。渇きを潤《うるお》す」という印象を受けるはずだ。

あるいはスターバックスだと、さわやかな緑に白抜きのSTARBUCKS COFFEEのロゴマークから、「くつろぎ。やすらいだ時間」という印象を受けるのではないだろうか？

では、黒に白と水色を組み合わせたＢＭＷだとどうだろう？

車が好きな男性だったら、「駆けぬける歓《よろこ》び」というＢＭＷのスローガンを感じて、衝動的にＢＭＷに乗ってみたいと思うかもしれない。しかし車に興味がない女性には、なぜこのロゴマークから男性がそのように感じるのか、さっぱり分からないかもしれない。

では、オレンジ色に馬車と従者をあしらったエルメスだとどうか？　多くの女性は、このオレンジ色のロゴマークを見ただけでウットリするかもしれない。もしその場にバッグがあれば、思わず手に取りたくなるだろう。しかしほとんどの男性は、なぜ女性がそう思うのかがさっぱり理解できない。実は、かく言う私も同じである。

なぜ私たちはブランドのロゴマークを見てそのように感じるのか？　それはターゲットとなる顧客が、これらのブランドに意味を感じているからだ。このような認知を世の中に広げるのは、一朝一夕《いっちょういっせき》ではできない。ブランドは長い時間をかけて、企業活動を通じて顧客に認知されていく。ブランドは顧客に対する企業の約束でもあるのだ。自社のブランドのロゴマークから顧客に意味を感じてもらうために、企業は大変な努力をしている。ブランド広告はその一環だ。

ここで注目すべきは、車に興味がない多くの女性はBMWのロゴマークに意味を感じないこと、そして多くの男性はエルメスのロゴマークを見ても意味を感じないことだ。あるモノに意味を感じるのは、特定の人たちの間でその意味を共有しているからだ。だからBMWは車好きな男性にしか分からないし、エルメスはファッション好きな女性にしか分からない。

このことを、ある歴史の出来事を通じて掘り下げて考えてみたい。

織田信長の実妹・お市《いち》は、戦場にいる信長に陣中見舞いとして小豆袋《あずき》を贈った。信長はこの小豆袋を一目見るなり、即座に戦場からの撤退を決断し、織田軍は壊滅の危機を逃《のが》れたのだ。小豆袋にどんな意味が隠されていたのか？　その状況を詳しく見てみよう。

一五七〇年、信長は越前の朝倉義景《あさくらよしかげ》を攻撃していた。織田軍の背後にある北近江《きたおうみ》には、信長と同盟を結ぶ浅井長政《あざいながまさ》がいた。その浅井長政の元に、お市が嫁《とつ》いでいたのだ。浅井家と朝倉家は同盟関係にあったが、信長は義弟の浅井長政は静観するはずと考えていた。しかし浅井長政は信長を裏切って朝倉方につき、織田軍の背後に迫った。

実は織田家と浅井家が縁組を行う際、「同盟ある限り織田家は朝倉家を攻めない。進軍する時は必ず浅井家に通知する」と約束していた。しかし信長は浅井長政に知らせずに朝倉を攻撃した。浅井家には、織田家との同盟に反対する勢力もあった。浅井家は、事前通知しなかった信長に大いに懸念を抱いていたのである。

織田軍は前後挟み撃ちという壊滅の危機に晒《さら》されていたが、信長はこのことに気づいていなかった。

このような状況で、お市から両端を紐で結んだ小豆袋が届いた。信長は陣地で小豆袋を手にして、このように考えたのではないだろうか?

①お市が小豆袋を贈ってきたということは、浅井家は侵攻を既に知っているのだ。

②私は約束を反故《ほご》にしているので、浅井家の一部勢力は黙っていないはずだ。朝倉との同盟を優先し、我々を攻撃する可能性もある。

③それにこの小豆袋、両端を紐でとじられて袋の状態だ。我々が朝倉軍と浅井軍の挟み

撃ちにあっているという意味に違いない。

④おのれ長政、裏切ったな！

そして、その場で全軍退却を決したのだ。お市は「朝倉軍と浅井軍による挟み撃ち」というメッセージを伝えるために信長に小豆袋を贈り、信長はそれを瞬時に理解したのだ。

これは顧客と企業のコミュニケーションでも同じだ。企業がブランド認知を図るために投資するのも、顧客にメッセージを伝え、価値を認識してもらうためだからだ。「お市」が企業（たとえばBMW）、「信長」がターゲットの顧客（車好きな男性）、「小豆袋」がブランドのロゴマーク（BMWのロゴマーク）、「朝倉軍と浅井軍による挟み撃ち」がブランドとして認識して欲しい意味（駆けぬける歓び）だ。

お市と信長は、朝倉と浅井の同盟や、織田と朝倉の縁組の時の約束について、共通の理解を持っていた。このような共通の理解を持っていたから、小豆袋が二人の間で「朝倉軍と浅井軍による挟み撃ち」という意味を持ったのだ。

やや専門的な話になるが、この状況は「近代言語学の祖」と呼ばれたスイスの言語学者フェルディナン・ド・ソシュールが構想した「記号論」で説明できる。「小豆袋」は「記号表現」、伝えたかった「朝倉軍と浅井軍による挟み撃ち」は「記号意味」と呼ばれる。そしてこの関係性を「記号」と呼ぶ（参考文献⑿）。

つまりお市は、「小豆袋」という「記号表現」を通じて「朝倉軍と浅井軍による挟み撃ち」という「記号意味」を信長に理解させたということだ。そしてこの「小豆袋＝朝倉軍と浅井軍による挟み撃ち」という関係性が「記号」なのだ。

BMWに当てはめると、BMWのロゴマークという「記号表現」を通じて、「駆けぬける歓び」という「記号意味」を車好きな男性に伝える。そしてこの「BMWのロゴマーク＝駆けぬける歓び」という関係性が「記号」なのだ。言い換えれば、記号はブランドそのものだ。

「記号表現と記号意味から記号が成り立つ」という考え方は、現代文化の構造を考える上で基本的な枠組みなのだ。

ポストモダンの代表的な思想家ジャン・ボードリヤールは、「消費される物になるためには、物は記号にならなければならない」と述べている（参考文献⑿）。商品・広告・店舗なども、すべて記号としての存在物なのだ。

現代では、商品に使用価値があっても、それだけでは売れない。売れるために必要なことは、その商品が記号化され、かつその記号が他の記号と比べて広く認知されることだ。ある商品名が世の中で広く認識されると、爆発的に売れるのだ。

だから企業はブランドの構築のために、膨大なお金と時間をかけるのである。このように構築したブランド認知は、非常に大きな強みとなるのだ。

第5章

戦略を検証し、改善する力

1 想定外を前提に、大ざっぱな企画を実行し、検証する米国流

ここで告白したい。

私は若い頃、「米国人は大ざっぱだなぁ」と思っていた。たとえば米国人と企画の会議をすると、こんな感じだった。

「じゃあ、ポイントはコレとコレだね。OK。他に意見はあるかな?」

あまりにもあっさり結論を出して進めようとするので、私が手を挙げる。

「率直に言うけど、検討が不十分だと思う。アレとソレも考えておくべきだと思う」

「オー、グッドポイント。さすがにナガイさんは綿密に考えているね。ありがとう。それは次回の検討項目に入れよう。ちゃんとメモしておいたから大丈夫だ。じゃあ、これで実行するよ。次回のチェックポイントは一カ月後だ。その時に進捗状況をまた議論しよう」

そして一カ月後に関係者が集まって、実行結果を基に議論をする。そこでプランに修正をかけ、再度一カ月後にチェックポイントをもうけようということになる。

日本人同士であれば、もっと綿密に企画して、関係者と徹底的に意見をすり合わせて、根回しした上で、実施に持ち込む。それが当たり前だと思っていた当時の私にとって、米国人のやり方は、あまりにも大ざっぱで手を抜いているように見えたのだ。なぜ企画に時間と手間をかけないのかが理解できなかった。

しかし今振り返ると、自分の理解が浅かったことを思い知らされる。実はこの方法はとても理にかなった方法であり、理想的な仮説検証プロセスなのだ。

仮説思考プロセスの一つの方法論が「ＰＤＣＡ」だ。Plan（計画）、Do（実施）、Check（検証）、Action（対策）の頭文字を取ったものだ。

ＰＤＣＡという名前を聞くと、一四七ページの図15の左側の円を思い浮かべる方が多いのではないだろうか？　しかしこれは不正確なＰＤＣＡの図だ。Plan、Do、Check、Actionを行った後、あたかも最初のPlanに戻っているように見えるからだ。

実際には、二回目のPlanを立てる段階では、最初のPlanからは一段階進化している。Do、Check、Actionもそれぞれ一段階進化している。さらに三回目のPlanでは、最初のPlanから二段階進化しているのだ。

これを絵にしたのが図15の右側の螺旋《らせん》だ。ＰＤＣＡの本来の姿は螺旋であり、「継続的な学びのプロセス」なのだ。このPDCAサイクルを短いサイクルで回すことで、最初の仮説をチューンアップし、学びを通じてより洗練された戦略に進化させ、成果を向上させる。そして、それを愚直に何回も積み重ねていく。

冒頭で紹介した米国人の仕事の進め方は、このPDCAサイクルを短期間で高速回転する方法だったのだ。彼らはPDCAサイクルを短期間で着実に回し、企画を柔軟に軌道修正しながら進化させている。そのほうが進みが速いし、最終的な品質もよくなるし、結果的に作業量も少なくなることを知っているのだ。

これは実際の仕事の進め方の違いにも繋がっているのだ。

日本では一四九ページの図16の左側のように仕事を進める。まず徹底的に企画(Plan)に時間をかける。できる限りのデータを集め、あらゆる状況を想定し、徹底的に関係者に根回しを行う。想定外をすべてつぶす。ここに時間の七割をかける。

そして実行(Do)に入る。そして当初の企画段階で想定していなかったことが起こる。しかし柔軟性がないので、うまく対応できない。

そこで検証(Check)と対策(Action)の段階。ここにはあまり手間をかけない。既に根回しが終わっているので、「結果の検証と修正」という発想がない。修正しようとする

図15　PDCAの誤解

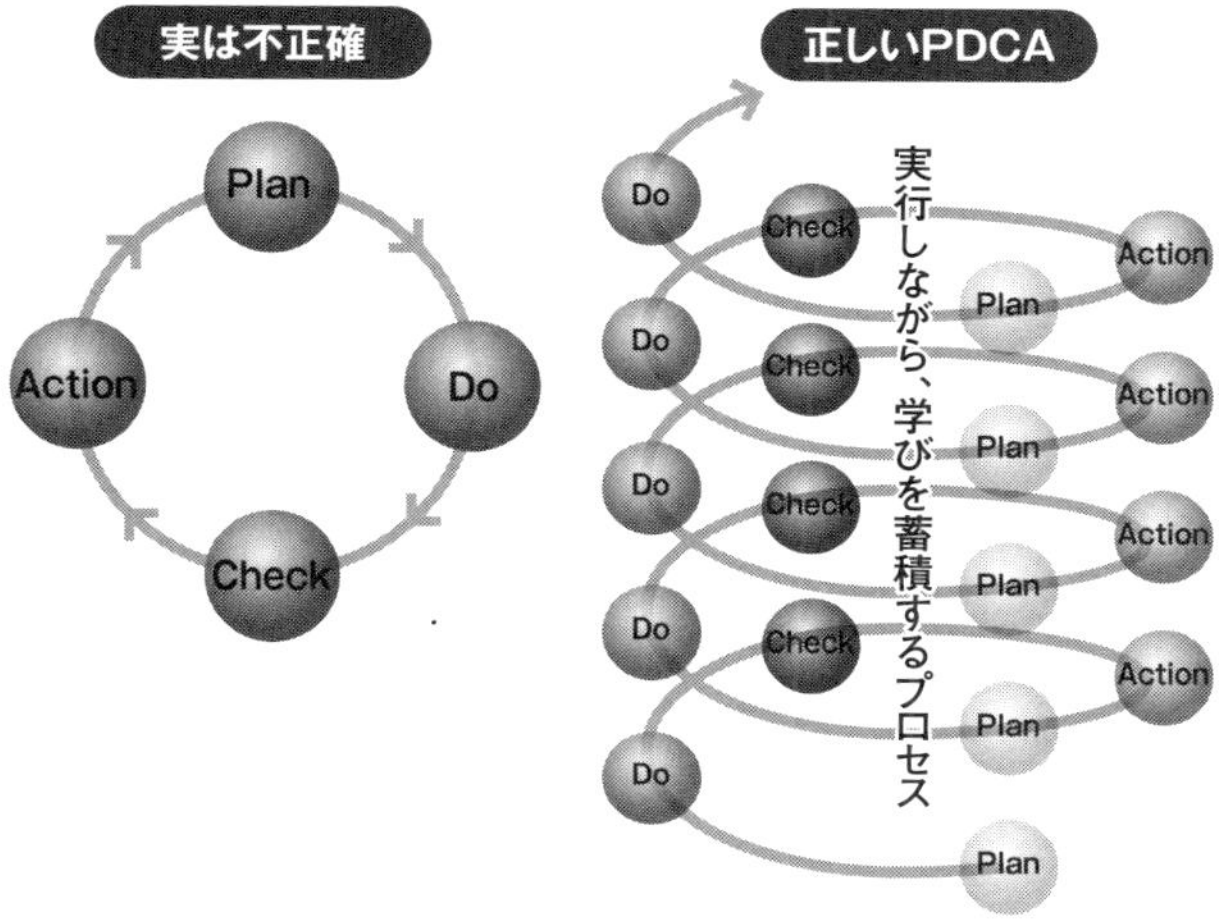

と、当初根回しした関係者から「話が違うじゃないか」というクレームをつけられることすらある。そして学んだことを、なかなか次の計画に反映できない。

冒頭で紹介した米国人は、図16の右側のように仕事を進める。まず大ざっぱに方向性を決める（Plan）。想定外があることは承知の上で、「まず実行してみて、問題があれば修正しよう」と考える。

そして実行する（Do）。当然ながら色々と問題が発覚する。それらを事実として把握しておく。

検証段階では、当初の仮説と照らし合わせて事実ベースで問題を洗い出し（Check）、方向性を修正していく。そして対策を協議し、すぐに次の計画に反映する（Action）。

どちらかの方法がよいか悪いかという話ではない。しかし現代では、米国の方法が理にかなっている。

図16の左側の日本のやり方が優れた意思決定方法だった理由は、世の中が現代ほど急激に変化していなかったからだ。半年間根回しに時間をかけても、市場は大きく変わらなかったから、根回しが終わってから、全体で一気に動けば成果が得られたのだ。ちょうど山登りする際に、登山計画に一年をかけても、目標とする山頂が変わらないのと同じだ。

しかし現代は、変化が急激に起こる時代だ。根回しに半年もかけていると市場自体が変わってしまう。あり得ないことだが、山登りする際に、あたかも目標とする山頂が移動してしまうようなものだ。現代は登山ではなくサーフィンのように、目標がダイナミックに移動することを前提に考えて、変化に合わせてダイナミックに態勢を変える必要がある。だから変化の激しい現代では、米国の方法が理にかなっているのだ（参考文献⒀）。

企画に数カ月かけることができた古きよき時代は終わったのだ。むしろ半日で仮説としてたたき台の企画を作り、関係者を巻き込んで実行してみる。そして数週間から数カ月で成果を着実に出し、結果を検証する。仮説と検証を繰り返しながら企画を育てていくこと

図16　なぜ、PDCAが回らない？　日米比較

日本		米国
状況を徹底把握、緻密な戦略、徹底根回し（「想定外はないか?」）	企画（Plan）	おおよその方向性を大ざっぱに決める（「想定外？ そりゃあるよね」）
おもむろに実行。柔軟性なく、うまくいかず	実行（Do）	とりあえず、すぐ開始→色々と問題発覚
甘い原因追及	検証（Check）	チェックポイントを決め、方向修正（「あ、じゃあ、それ直そう」）
次の計画に反映できない（「話が違うじゃないか」）	対策（Action）	対応策合意、即反映

が必要なのだ。このようにしてスピーディに成果を上げて、第五の資源である「時間」を獲得することで、差別化に繋げていくのである。

だから、企画書に完成版はないと思ったほうがよい。PDCAを回しながら、周囲の意見を取り入れてバージョンアップを繰り返し、「私の企画書」ではなく、全員がオーナーシップを持つ「みんなの企画書」に育てていく。そして改善し続けることが大事なのだ。

最初にあらゆる想定を網羅した企画を作ろうとするから、計画を実行するだけで終わってしまい、PDCAが回らず、さらには周囲の環境の変化にも対応できないのだ。

2 現状の対策を整理しても、問題は絶対に解決しない

「現在の問題点と、その対応策を出すように」

事業変革プロジェクト責任者から、全部門に通達された。

業績の長期低迷が続いている。そこで事業変革のために、まずは問題を分析しようということになったのだ。

各部門は現状分析と、その対応策を提出した。部門が多いので、集まった資料は膨大だ。数週間後、取りまとめた結果が発表される。プロジェクトチームの血と汗の結晶だ。いくつかの対応策が決まり、実行されることになった。

しかし一年後、何も変わらなかった。業績は改善せず、悪化する一方だ。

なぜプロジェクトチームの頑張りにもかかわらず、何も変わらなかったのか？

問題を分析して対策を考える場合、大きな落とし穴がある。関係者に幅広く意見を求め、提出された問題点と対策を整理したものを「問題分析」としてしまうことだ。

残念ながらこれは問題分析ではない。たとえ大変な思いをして大量の資料を整理・分類したとしても、残念ながらそれは単なる現状のまとめに過ぎない。言い換えれば、現状を肯定し、現状の対策をまとめているだけだ。

問題が解決しないのは、今やっていることが間違っているからだ。現状を否定しない限り、問題は解決しない。だから現状の対策を集めるだけでは、永遠に問題は解決できない。しかし、「現状の対策のまとめ」をもって「問題分析」としているケースがあまりにも多いのが実情だ。

勝海舟は、幕末動乱期の諸藩の興亡を見て、こう語ったと言われる。

「ナニ、忠義の士といふものがあつて、国をつぶすのだ」

圧倒的な力の差がある欧米からの圧力の元で、国家が停滞し存続の危機にあった歴史の激動期にあって、諸藩の大名に忠誠を誓い続け、従来のやり方を変えようとしなかった人たちは、歴史を変えられなかった。歴史を変えたのは、日本の置かれた状況を客観的にとらえ、新しい時代における国のあり方を真剣に考えて、主体的に変革を起こした人たちだ。

現状を変える勇気を支えるのは、事実に基づくデータと、客観的な分析だ。あくまで事実が出発点。そしてあるべき姿に対して、何がおかしいかを見極めて現状を否定する。「ダメだ」と単純に否定するのではなく、「このようにすべきだ」と創造的に否定するのだ。そして主体的に変革していく。その際には、事実が関係者への説得材料になるのだ。

問題を解決するためには、創造的に現状を否定し、変革への情熱と実行力を持ち続けることが必要なのだ。

3 悪循環に陥る「悪魔のサイクル」の正体

「このままでは今期の売上達成は難しい。現在行っている仕事はすべて見直して、売上に繋がらない仕事はすべて中止。今期の売上に直結する仕事だけに集中せよ」

全社で大号令がかかった。さらに大号令が続く。

「加えて、売上達成のため営業戦力を増強することとする。まずは技術者をセールスに大量シフトする」

荒療治のおかげで、その期の売上はなんとか達成できた。しかし次の期の売上は、また赤信号が灯《とも》る。

そして、次の期も大号令は続く。しかし改善する見込みは立たない。状況は悪化する一方だ。

これは私が「悪魔のサイクル」と呼んでいる現象だ。

「『問題の本質』は売れていないことだ。だから、営業戦力を強化する」

よく目にする方針だ。これは一見、妥当な対応のようだ。しかし、一時的に売上が伸びてもすぐ下がる。そして皮肉なことに、慢性的な売上低迷に陥ってしまう。

なぜか?

それは「売れていないこと」が、問題の本質ではないからだ。

このように言うと驚かれるかもしれない。しかし「売れていないこと」は現象であり、問題の本質ではない。

苦境を営業戦力の強化で乗り切った経験がある方は多いと思う。しかしそうやって乗り切れたのはいつの頃だったか、思い出してみて欲しい。多くは高度経済成長期だったのではないだろうか？

　高度経済成長期は市場が拡大していた。営業戦力の強化により、広がった市場を切り取ることができ、売上が増えた。しかし市場が縮小している現代、問題の根本原因が「営業戦力の不足」であるケースは少ない。実際、セールスが一人もいない会社でも、顧客ニーズをとらえている会社は成長している。だから営業戦力を増大しても、問題は解決できないのだ。

　もしかしたら、根本的な原因は「技術力の低下による顧客離れ」かもしれない。このような状況で「営業戦力を増大させよう」と考え、技術者をセールスにシフトするとどうなるだろう？　一時的にはカンフル剤となり、短期的な売上は伸びるかもしれない。しかしいずれ、技術力がさらに低下して顧客満足度が下がり、顧客離れが加速し、長期的には売上はさらに下がる。そして「まだまだ営業戦力の強化が足りない」と考えセールスを強化しても、顧客離れはさらにひどくなる。悪循環だ。

　これが「悪魔のサイクル」の正体だ。では、なぜ「悪魔のサイクル」に陥ってしまうのか？

「『問題の本質』は売れていないことだ。だから、営業戦力を強化する」という言葉を書

図17　悪魔のサイクル

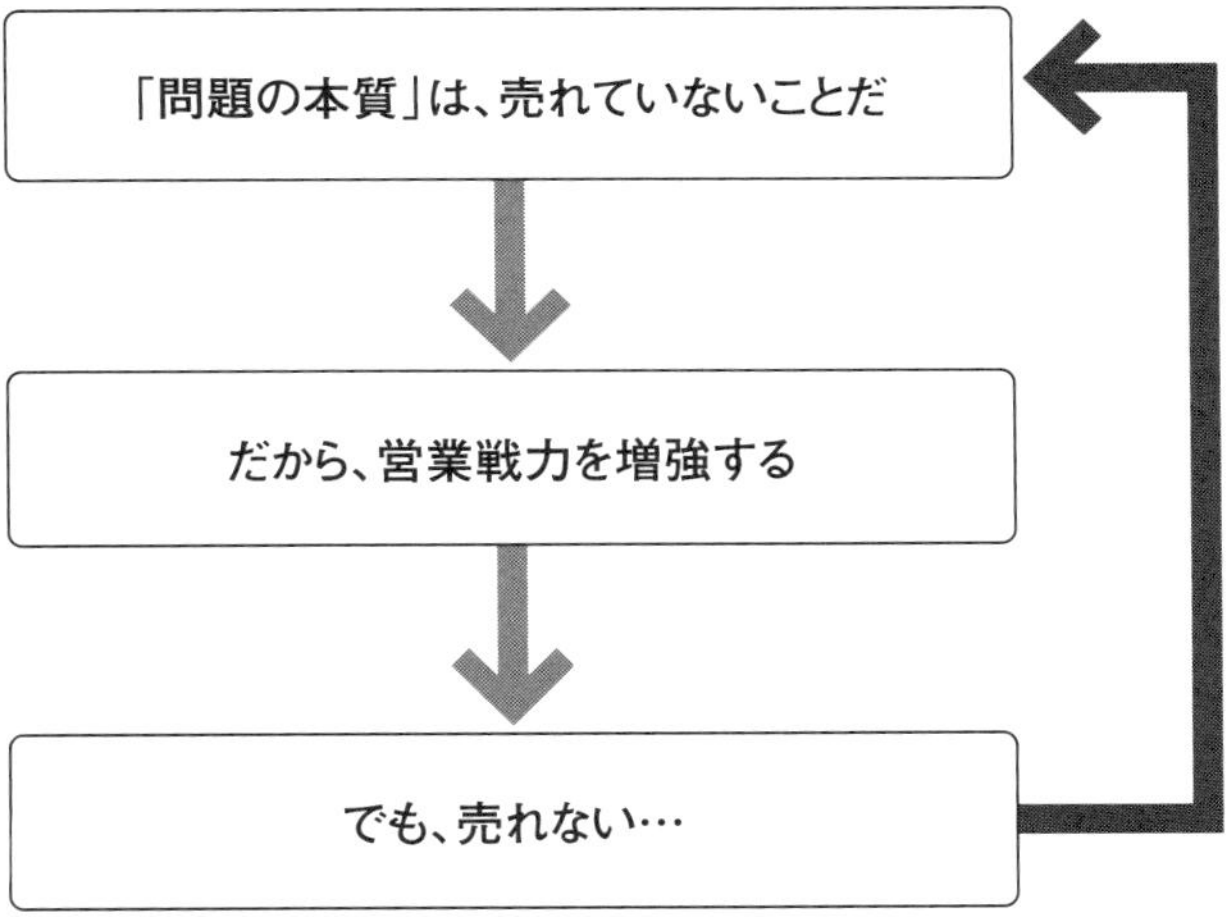
「問題の本質」は、売れていないことだ
だから、営業戦力を増強する
でも、売れない…

き換えると、こうなる。

「売れていないのは、売っていないからだ。だから売るのだ」

ここにはロジックはない。分析になっていない。問題の本質はこの中に存在しない。本来、解決すれば問題が消滅し、状況が好転するものが問題の本質なのだ。「悪魔のサイクル」は、現象と問題の本質を取り違えてしまった、不十分な分析が生み出しているのだ。

たとえば一般的に、「『なぜ』を五回繰り返せ」と言われる。これは問題の根本原因を特定するためだ。ほとんどの問題は、「なぜ」を五回繰り返せば「自責」になる。自責になればしめたものだ。自分が責任を持って問題解決できるからだ。

たとえば、「体調が悪い」という状況を考えてみよう。

その理由は「肩が凝《こ》っている」からかもしれない。そこですぐにマッサージに行くのは対症療法だ。一時的に「肩凝り」は治る。しかし、必ずまた再発する。売上が下がっているから営業戦力を強化する、というのと同じことだ。

まず、深く分析して原因を特定するのだ。

なぜ肩が凝るのか？　それは、筋肉が萎縮《いしゅく》しているからだ。

では、なぜ筋肉が萎縮しているのか？　それは、血行が悪くなっているからだ。

では、なぜ血行が悪くなっているのか？　それは、身体《からだ》を動かしていないからだ。

では、なぜ身体を動かしていないのか？　疲れが溜まって、週末に運動していないからだ。

ここまでくると根本原因の「自責」になる。週末に定期的に運動するようにすれば、肩凝りは緩和され、体調もよくなるだろう。

ビジネスに置き換えて、「業績が悪い」状況を考えてみよう。

業績が悪い項目が「売上が減っている」ことだとする。これに対して営業戦力の強化を

図18　体調が悪いのは…

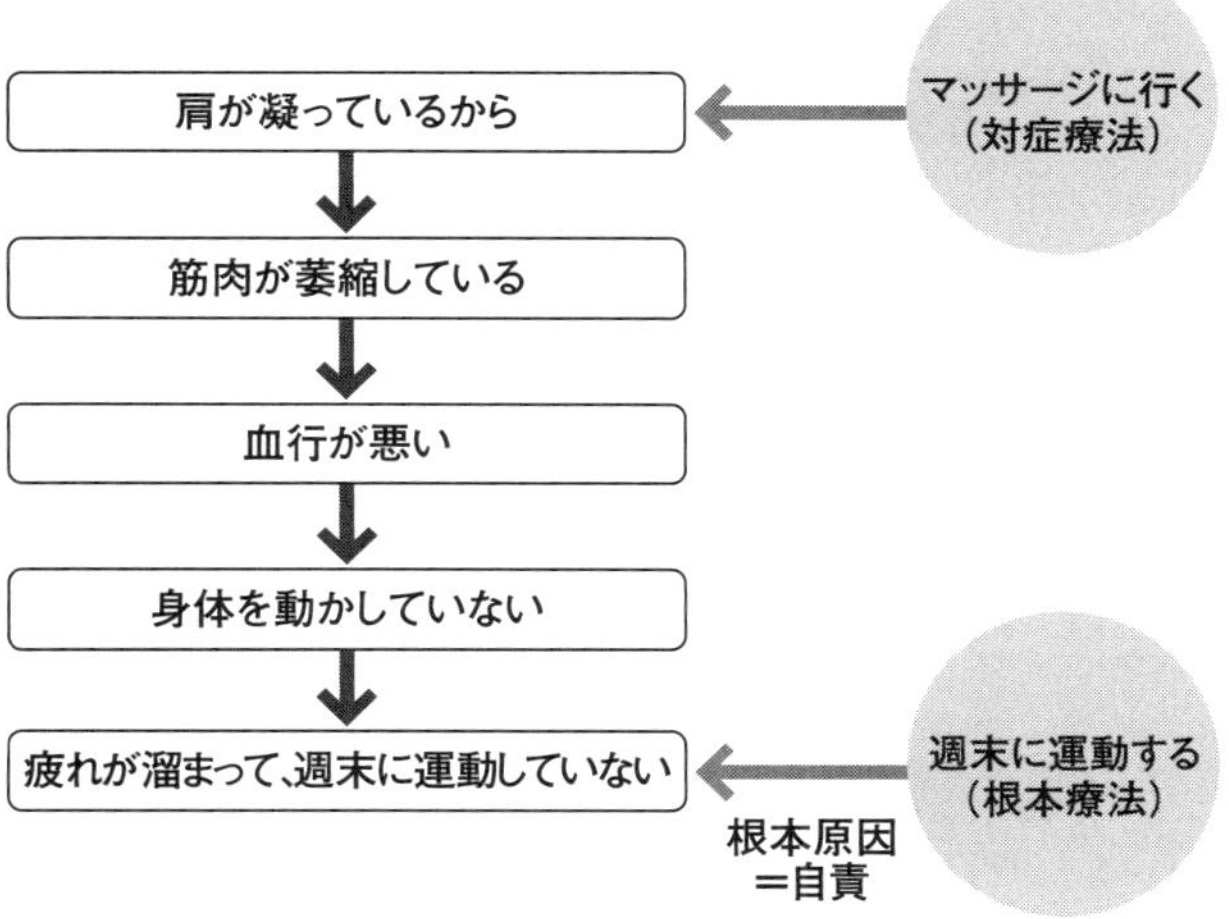
肩が凝っているから
マッサージに行く（対症療法）
筋肉が萎縮している
血行が悪い
身体を動かしていない
疲れが溜まって、週末に運動していない
週末に運動する（根本療法）
根本原因＝自責

するのは対症療法であり、「悪魔のサイクル」に陥ってしまう。

ここでも「なぜ」を繰り返してみる。

実態を数字で分析した結果、「案件数が減少して、値引きも多い」という状況だったとしよう。

その理由は「販売期間が延びており、価格競争を強《し》いられている」ためだった。

そのような状況に陥った理由は、「セールスが、『要望が強い』顧客を優先的に訪問している」ためだ。

そうなった理由は、「セールスが自分の行きやすい顧客を選んで訪問しており、会社もどの顧客を訪問すべきか選んでいない」ためだ。

図19　業績が悪いのは…

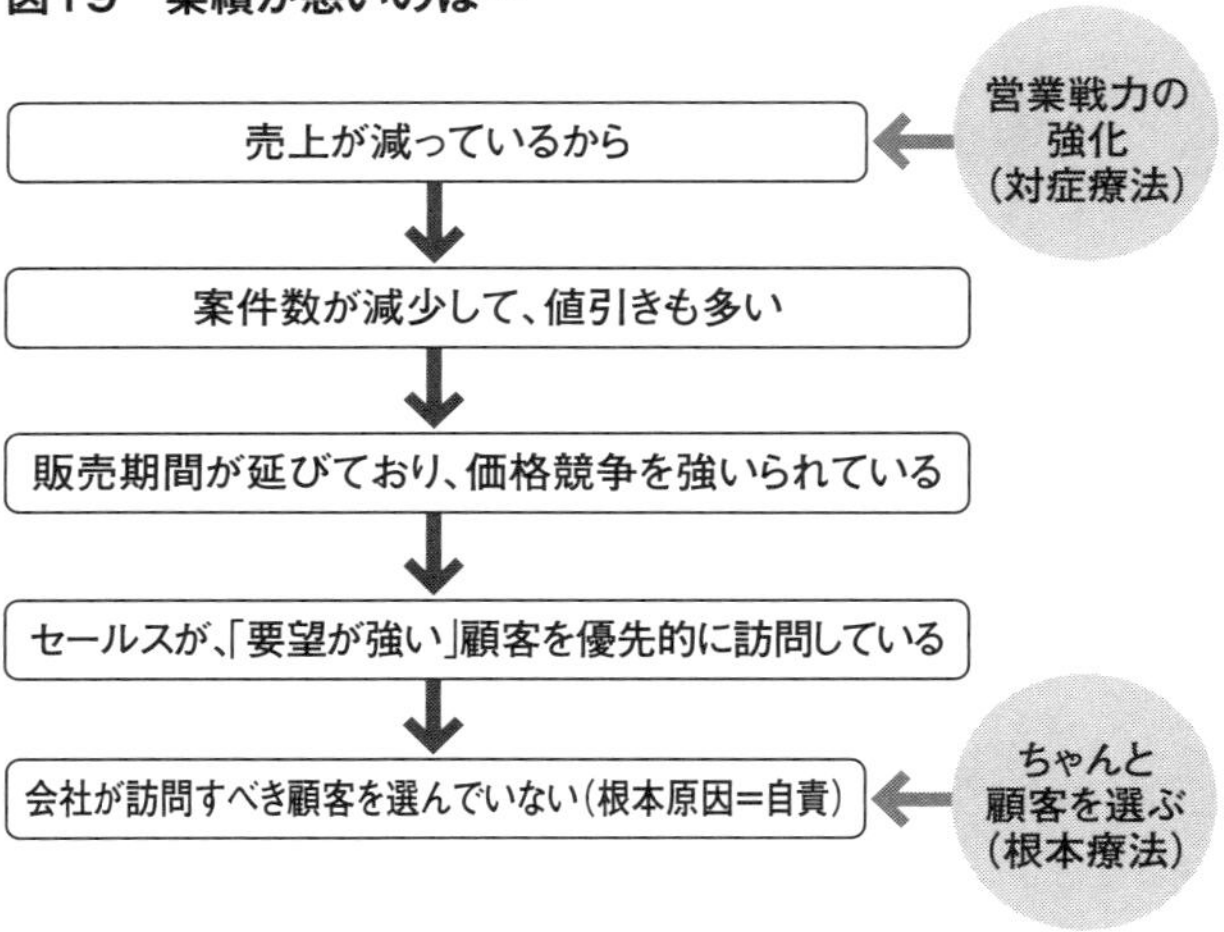
売上が減っているから
営業戦力の強化（対症療法）
案件数が減少して、値引きも多い
販売期間が延びており、価格競争を強いられている
セールスが、「要望が強い」顧客を優先的に訪問している
会社が訪問すべき顧客を選んでいない（根本原因＝自責）
ちゃんと顧客を選ぶ（根本療法）

ここまでくると根本原因の「自責」になる。企業として顧客全体を分析し、収益性が低い顧客を担当しているセールスを配置転換し、収益率が高い顧客を重点的に訪問させるべきなのだ。

このように「悪魔のサイクル」に陥らないようにするためには、問題分析を徹底し、「なぜ」を五回繰り返して、「問題の根本原因」を探し出すことが必要なのだ。「悪魔のサイクル」は多くの場合、成功体験に基づいた思い込みによる、不十分な分析が生み出しているのである。

4 問題の根本原因か？ あるいは言いわけか？

「このスケジュールを見てください。朝九時から夜十時まで、打ち合わせがギッシリです。しかも、これが毎日続いています。とても売りに行く余裕なんてありません」

その現場のセールス担当者は憮然《ぶぜん》としながら続ける。

「だから売れない理由はシンプルです。人が少ないんです。実は昨日も徹夜です。人を増やしてください」

徹夜続きの過酷な状況で仕事をしている現場は多い。このような現場にいると、もっと人手が欲しいと思うのも当然のことだ。そもそも徹夜続きのこの状況は早急に改善が必要だ。人手を二倍に増やして売上が二倍・三倍になるのならば、即刻、人を増やすべきだろう。

しかし人手を二倍に増やして、売上が二倍になったケースは稀《まれ》である。日本では、多くの市場が飽和していて低成長だ。人手を増やしても売上は伸びない。人手が少ないことが成果が上がらない原因ではないし、忙しい理由でもない。

多くの場合、本当の理由は別のところにある。もしかすると、本来の仕事でないことに時間を使っているのかもしれない。部門間コミュニケーションが悪いため、他部門が行うべき仕事まで行っているのかもしれない。あるいは製品の品質が低く、実はその対応に時間を取られているのかもしれない。

「問題の根本原因」と「言いわけ」とを見極めることが必要なのだ。一見すると、両者は似ている。そして本人は「言いわけ」ではなく、本当にそれが「問題の根本原因」だと信じているケースがほとんどだ。

しかし、決定的な違いがある。

「問題の根本原因」は問題の発生源だ。取り除けば問題は解決する。

「言いわけ」は取り除いても問題は解決しない。あるいは、そもそも取り除けない外部条件だ。

たとえば、次のケースはどうだろうか？

「うちの商品は成熟市場向けだ。だから、そもそも売上は伸びないのだ」

これは、「言いわけ」の典型だ。「成熟市場向けの商品である」ことが分かっても、問題は解決できない。「市場が成熟している」という状況を変えることも困難だ。一方で、成熟市場でも売上を伸ばしている会社は数多くある。「成熟市場向けの商品である」ことは、売上が伸びない原因ではない。「言いわけ」だ。

解決の糸口になる「問題の根本原因」は、必ず存在する。前項の例を引けば、「体調が悪い」原因の「週末に運動をしていないこと」や、「業績が悪い」原因の「顧客を選んでいなかったこと」が、まさに「問題の根本原因」となる。

「言いわけ」と「問題の根本原因」を最初に見極めることが、大切なのだ。

5 なぜ売れないか？ ではなく、なぜ売れたのか？

二十年前、eメール管理システムの販売を始めた時のこと。当初は、なかなか売れなかった。ある日、社員数十名の小さな会社に採用していただいた。社長が強いリーダーシップと先見性がある方で、戦略的に業務変革の方法を考えた結果、それを実現するための手段として、採用を決めたのだ。

私は製品開発リーダーとともに、この会社を頻繁に訪問した。そして私たちが想定もしなかった活用法を知ることになる。たとえばスケジュール管理システムは、社員全員の予実管理として使われていた。あらかじめ社員全員に細かにスケジュールを入力させ、その実績も記入させる。予定と実績の差が出たら、一人ひとりになぜ差が出たのかを徹底的に考えさせる。そして全社員のスケジュールは、社長自身が自分のパソコンでリアルタイムにチェックしていた。当時、このようなことができる製品は極めて少なかったのだ。

数カ月後、別の顧客の大規模プロジェクト案件で、このeメール管理システムを提案する際に、この会社で学んだことが大変役立った。そして大規模プロジェクトは成約した。

私たちはともすると売れない理由ばかりを考えて、「どうすれば売れるようになるか?」と考えがちだ。しかし発想を転換すると見えてくることもある。

コミーの小宮山栄社長も、雑誌のインタビューで次のように語っている(参考文献⑧)。


売れなかった理由は、デザインが悪い、価格が高い、宣伝の仕方が悪いなど、誰でも山ほど言える。だから、たとえ一〇〇〇人に声をかけて一人しか買わなくても、売

図20　いかに売れるようにするのか？

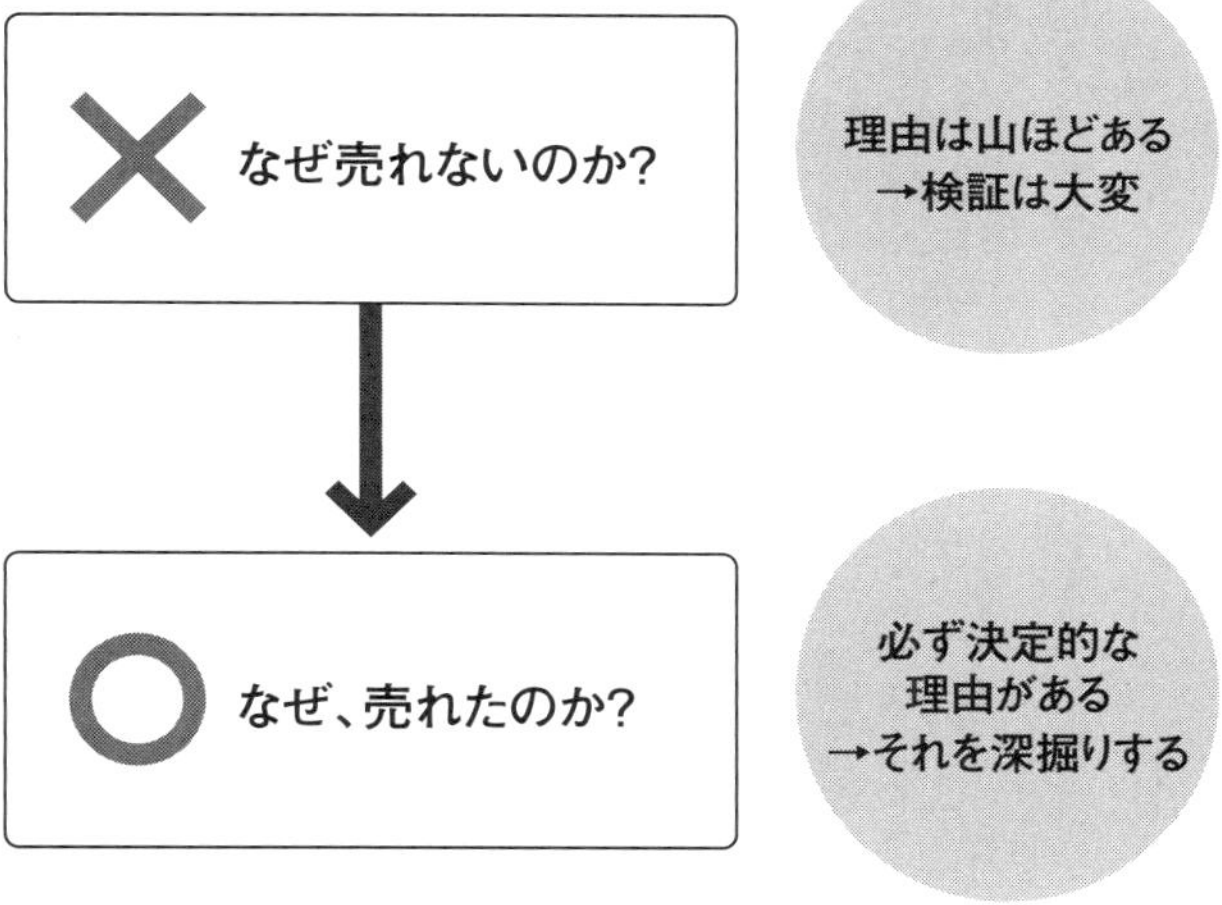
なぜ売れないのか？
理由は山ほどある
→検証は大変
なぜ、売れたのか？
必ず決定的な
理由がある
→それを深掘りする

れない理由をあれこれ考えるより、その一人がなぜ買ってくれたのかを深く聞く方が次につながると思う。われわれの立場から見れば、一つしか売れなくても、お客さまの立場からすれば『購入の決断』をしたのだ。そこのところを徹底的に追究していく。

これを徹底するために、コミーは全従業員による「一斉US（ユーザー満足）訪問」という全社行事を毎年実施している。正社員とパート社員が二人一組となり、一日一組ずつ、一組当たり一〇件程度の既存ユーザーを回り、使用現場を写真に撮ったり絵に描いたりしながら話を聞き、丁寧に情報収集している。これを持ち帰って全社員で議論し、社内で共有する。こうして顧客に関する知識を社内に蓄積していくのだ。

私たちの時間は限られている。実際のユーザーがどのように自社商品を役立てているかを学ぶことが、顧客へ価値を届ける近道だ。顧客が貴重なお金を使って商品を買った理由は何か？　そこには必ず真実がある。既存顧客をしっかりフォローするところに、ビジネス拡大のヒントがあるのだ。

新商品立ち上げでは、顧客事例の充実がカギを握る。顧客事例の中に顧客にとっての価値が凝縮されているからだ。

積極的にユーザーを訪問してみよう。そこには新しい発見があるかもしれない。

6　新製品は売れない。では、いかにして売れるようにするか？

「新製品は、なかなか売れない」

これは長年、ソフトウェア製品の仕事に関わってきて、私が身にしみて実感していることとだ。

十数年前。私はマーケティングマネージャーとして、業界初の新技術を採用した製品を担当することになった。最初の顧客は、自社サービスを他社から差別化するためにこの製品の導入を決断した。初体験のことばかりで、導入・展開では顧客も私たちも大変な苦労をした。

しかしこの製品のセールスには、さらに大変な苦労をした。先進的な製品だったので、見込み客へのデモや説明の機会は多かった。しかし本格的に検討する顧客は二〜三社程度で、なかなか増えなかった。普及に弾《はず》みがついたのは、最初の顧客が業務を開始し、大幅な売上増加という成果を出した後だ。「こんな実績があるのか！　ぜひ採用したい」という、同じ業界の顧客が急増した。そしてそれは、他業界にも広がっていった。

私が担当した数多くの新製品がこのパターンだった。実はこれは、新製品が普及する際の典型的なパターンなのだ。

顧客の特性は、普及段階のどのタイミングでその製品を採用するかによって大きく異なる。一九六二年、社会学者エベレット・M・ロジャース教授は、それぞれの顧客タイプに次のような名前をつけた。

【イノベーター（革新的採用者）】
新商品が出たら、即、買う。別名「人柱《ひとばしら》」ともいわれる。
【アーリーアダプター（初期採用者）】
「まだ普及していないけれど、役立ちそうだ」と思い、買う。
【アーリーマジョリティ（初期多数採用者）】
「実績があるし、大丈夫」と思い、買う。
【レイトマジョリティ（後期多数採用者）】
「そろそろ不便」と思い、買う。
【ラガード（無関心層）】
「それでも絶対買わない」と思い、一生買わない。

これは「イノベーター理論」と呼ばれている。面白いことにこの比率は一定で、イノベーターは全体の二・五％、アーリーアダプターは一三・五％、アーリーマジョリティとレイトマジョリティは三四％、ラガードは一六％だ。

図21　イノベーター理論とキャズム理論で、顧客の行動が分かる

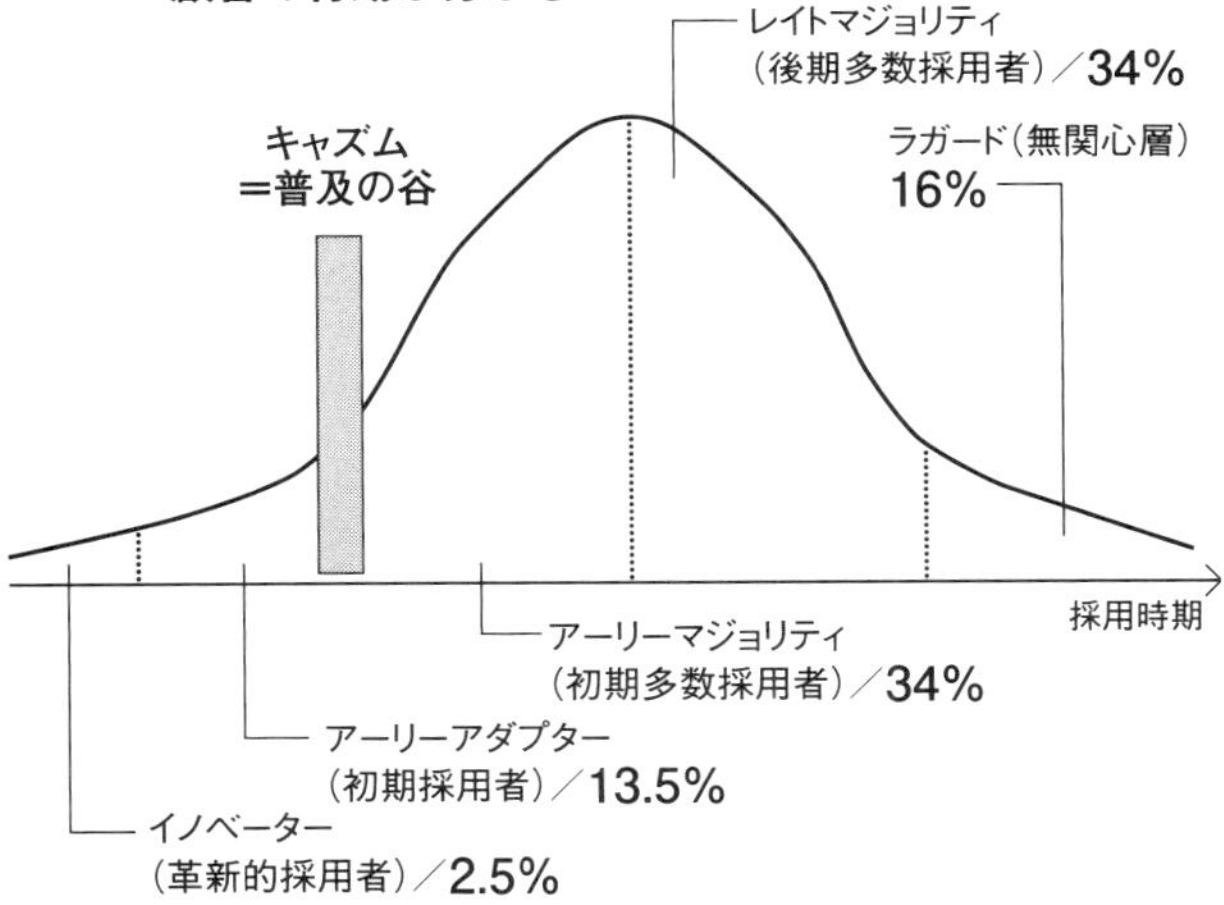

重要なことは、「アーリーアダプター」と「アーリーマジョリティ」は早期に採用するので一見すると似ているが、実は行動は正反対だという点だ。アーリーアダプターは「まだ誰も使っていなくても、必要だったら買う」と考える。アーリーマジョリティは「まず、ちゃんと使っているのを見せて欲しい。話はそれからだ。効果が証明されていれば買う」と考える。

先の例では、他社に先駆けて、差別化するために採用した顧客はアーリーアダプター（またはイノベーター）だ。市場では少数派だ。一方で、事例が出た後に「実績があるなら、ぜひうちも」と採用した顧客はアーリーマジョリティだ。

最初からアーリーマジョリティ（またはレイトマジョリティ）に売り込もうとしても、そして仮に彼らが興味を持ったとしても、ほとんどの場合は買おうとはしない。労多くして功少なし、なのだ。しかもこのグループは絶対に買わないラガードも加えると市場の八割強を占める多数派だ。だから新製品は、売ろうとしてもなかなか売れないのである。

鳴り物入りで登場した新製品が普及しないのには決まったパターンがある。最初はイノベーターとアーリーアダプターが購入し、順調に売上が伸びる。しかしアーリーマジョリティは購入に動かない。そのうち売上が鈍化し、市場への普及が止まる。そして売上減少が始まる。最後には市場から撤退するのだ。

このようにアーリーアダプターからアーリーマジョリティの間、普及率一六％の部分に普及の「谷」がある。これが「キャズム」だ。キャズムとは英語で「溝」「割れ目」を意味する。順調に普及してきた新製品が突然落ち込んでしまう、まさに「落とし穴」だ。これはハイテク関連企業のバイブルといわれる著書『キャズム』で、マーケティングコンサルティング会社の代表ジェフリー・ムーア氏が紹介したモデルだ（参考文献⑭）。

新製品では、キャズムを越えることが大きな課題なのだ。どの見込み客にどのような順番でアプローチするかが極めて大切だ。イノベーターやアーリーアダプターに対する戦略と、アーリーマジョリティに対する戦略は分けて考え、かつ、お互いに連携させる必要がある。

最初はイノベーターまたはアーリーアダプターに絞ってアプローチする。それ以外の見込み客は、手間がかかるばかりで成果は得られない。案件をチェックする仕組みを作り、思い切って売り込まないように徹底するのだ。

イノベーターまたはアーリーアダプターは、新製品が自分にとって役立つと考えれば、ある程度のリスクを負ってでも購入に踏み切る。そこで、先進的な技術情報を手厚く提供する。さらに導入顧客の効果を検証し、できるだけたくさんの事例を作り、顧客事例集にまとめる。

この豊富な顧客事例を基に、アーリーマジョリティを攻めるのだ。アーリーマジョリティに対しては方針を変える。技術情報よりも、顧客事例やサポート体制の整備・充実を伝える。メリットに加えてリスクも軽減できると納得できれば、購入に踏み切るからだ。

このように考えると、新製品発表時の方針をまったく変えずに継続すると、失敗する理由が分かるだろう。

私はさまざまな新製品担当者から、「自分が担当している新製品がなぜ売れないのか？」という相談をよく受ける。売れないケースには共通点がある。新製品の強みは大いに語れるが、売るべき対象顧客とその顧客ニーズについてはほとんど語れないのだ。新製品を出した段階、最初の顧客が採用する段階、アーリーアダプターが採用する段階、本格的普及に繋げる段階で、マーケティング施策は進化させる必要があるのだ。

冒頭に紹介した私の事例では、最初の顧客事例が生まれた時点で、私たちはその顧客の革新的な新サービスを各種メディアを通じて幅広く紹介した。普及段階と顧客タイプを見極め、施策を日々修正することが重要なのである。

7 結果だけ見ても、原因は分からない。だからKPI

「ううむ、全然分からないぞ」

午前一時を過ぎようとしている。私は過去数期分の売上を分析していた。製品別、製品グループ別、セールス部別、顧客別等、膨大な量のデータだ。

しかし売上データをいくら分析しても、売上が伸び悩んでいる原因はどうしても特定できなかった。

「仮説の検証が大事なのは分かった。しかし結果の検証はどのようにすればよいのか？」という方も多いだろう。

仮説の検証をしようとすると、こんな意見が出ることがある。

「私たちは、とても頑張りました。来期ももっと頑張りましょう」

「今期は、これとこれを心を込めて一生懸命やりました。お客様もとても喜んでくださっています。来期も頑張りましょう」

しかし、これは検証ではない。事実に基づいて考えていないからだ。

「私たちが頑張ってきたのも、お客様が喜んでいるのも、事実だ。私たちの頑張りを否定する気か？」という意見もあるだろう。しかし、これは主観的に考えているに過ぎないのだ。第2章「3　数字を客観的に見ることを阻む『空気』」で紹介したように、旧日本軍は主観的に考えることから抜け出せず、第二次世界大戦で多大なる犠牲を出したことを忘れてはならない。

事実は客観的に把握すべきなのだ。「測定できないものは、管理できない」と言われる。国語ではなく、数字で考えるのだ。

しかし、落とし穴がある。「では数字で考えよう」と、冒頭のように売上などの結果の数字を詳細に分析することだ。実は結果の数字をいくら分析しても、問題の原因は決して分からない。それはなぜか？

水道管のケースで考えると分かりやすい。

水道管を経由して、貯水槽から水を取り出すこと考えてみよう。水道管に問題がなければ、貯水槽の入り口と水道管の出口を流れる水量は同じだ。しかし水道管のどこかで漏水《ろうすい》していると、水道管の出口を流れる水量は減る。この場合、水道管の出口の水量をいくら詳細にチェックしても、水が減っている原因は分からない。

そこで継ぎ目ごとに水量をチェックするしかけを作ると、どことどこの継ぎ目で問題が発生しているのかが分かり、原因を特定できるようになる。

途中をチェックせずに、結果である水道管の出口の水量だけをいくら詳細に分析しても、どこの継ぎ目で漏水しているのかは決して特定できないのだ。同様に、売上をいくら詳細にチェックしても、売上低迷の原因は特定できない。

このように、ある目標値を達成するに至る要因をチェックする指標が、ＫＰＩだ。「キ

図22　結果だけをチェックしても、原因は分からない。だからKPI

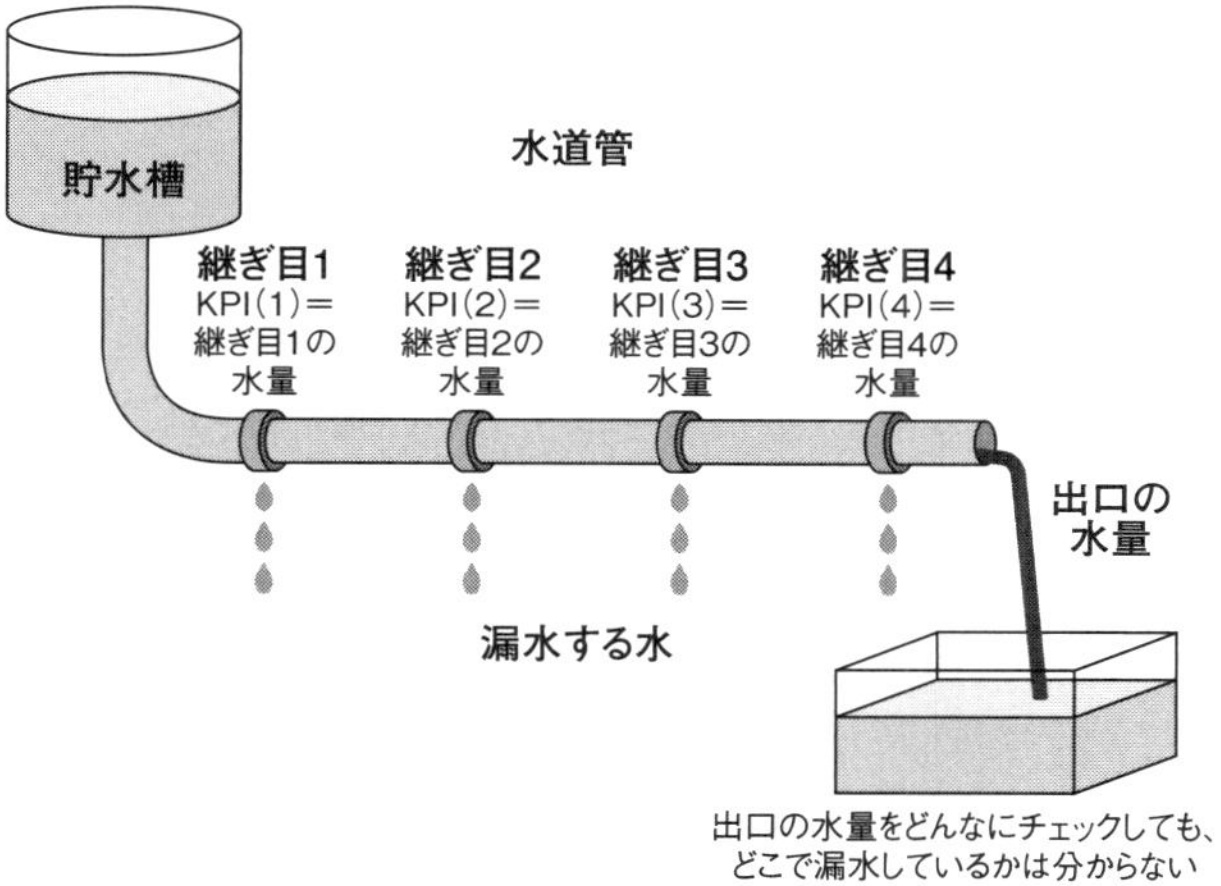

ー・パフォーマンス・インディケーター」の略で、「重要業績評価指標」とも呼ばれる。物事がうまく進んでいるかどうかを把握する目安だ。ここでは、水道管の出口の水量が結果、それぞれの継ぎ目の水量がKPIになる。成果をもたらす要因を洗い出し、その進捗状況をチェックするのだ。

たとえば「一週間の顧客訪問回数」でセールス活動の活発さを把握するのは、KPIの一例だ。仮説の検証でも、あらかじめKPIを設定しておくと、客観的によい点・悪い点を把握できるのだ。

水道管のケースは単純だが、ビジネスの場合、成果と因果関係を持つ要素を洗い出すのは簡単ではない。問題を把握した上で、KPIを定義する必要がある。

主観的にKPIを設定することは慎《つつし》みたいものだ。KPIを定期的にチェックするためには多大なコストがかかる。たとえば案件状況を把握するためには、その仕組みを作り、各自にデータを入力させ、定期的に集計することが必要になる。間違った指標で判断するようなことがあれば、組織を間違った方向に導いてしまうことになり、大きな弊害となる。

8 無理にKPIを押しつけると、現場は数字作りを始めてしまう

「うーん、数字がどうしても足りないなぁ。明日の会議で突っ込まれるなぁ」

チームリーダーは困っていた。このチームは長い間、目標を達成できていなかったのだ。

「よし。じゃあ、こっちの数字をこっちに移して、今週は達成していることにしよう」

若手が反論する。

「いいんですか？　これって本来、全然別の数字ですよ」

リーダーは笑いながら答える。

「いいよ、いいよ。そもそもこれは、上の連中が考えた数字のお遊びだし、現場のオレたちがこんなのに付き合っている必要なんてないよ。最後に数字を達成して辻褄が合えば、文句を言う人なんていないんだから。オレが責任持つからさ」

若手は微妙な顔をするが、チームリーダーが「自分が責任を持つ」という以上、強くは言えなかった。そしてこのチームは、やはり今期も数字を達成できなかった。

あなたの職場で、このようなことは起こっていないだろうか？

ＫＰＩを設定して進捗管理をすることは大切だ。しかし怖い面を忘れてはいけない。この例のように、現場がＫＰＩの意義を考えなくなり、数字作りをしてしまうのだ。

現場が「煩《わずら》わしいから適当にデータを入れておこう。最後に目標を達成すれば文句はないはずだ」と考えてしまうとＫＰＩ管理自体が無意味になる。これでは進捗管理はできない。そして多くの場合、目標が達成できないまま終わる。

腹落ちしないＫＰＩ管理を押しつけても、現場は煩わしいと考え、数字作りに走る。さらに押しつけたＫＰＩで評価しようとすると、現場は徐々に考えなくなってしまう。そしてＫＰＩ管理が崩壊するだけではなく、ビジネスが失速するのだ。

さらに悪いのは「最終目標を達成するための管理手段」というＫＰＩの本来の目的を忘れて、ＫＰＩ管理だけに躍起《やっき》になるマネージャーの存在だ。ＫＰＩと未達の場合の対応策だけをチェックし、部下が抱えている課題や問題解決はまったく考えないし、相談にも乗らない。このような組織は機能停止する。

ＫＰＩは、進捗を継続的に把握するための手段なのだ。ＫＰＩは主役ではない。あくまで指標だ。現場の考えをまとめるためのツールとして活用すべきなのだ。ＫＰＩを無理に押しつけても意味がない。

第6章

自分の「戦略力」を育てる

1
プロフェッショナルの力量が見抜ける、簡単な二つの質問

その日、私はマーケティングマネージャーのプロフェッショナル認定審査の審査員をしていた。認定されると部長職に昇進することもある。誰もが必死だ。

今日のトップバッターは、鈴木さんだ。

「鈴木さんは、ご自身の経験で、マーケティングとはどのようなものだと考えますか?」

私が質問すると、鈴木さんはよどみなく話し始めた。

「マーケティングとは、市場のニーズを把握し、それに応える製品を開発して、さまざまな販促活動を通じて見込み客に価値を伝えて、最適なチャネルを通じて価値を提供する仕組みです」

まさに教科書通りの模範解答だ。

私は次に、こんな質問をした。

「ご担当の業務分野について、鈴木さんご自身が考える今後三年間の戦略を教えてくださ

い」

鈴木さんは、この質問にもそつなく答える。

「当事業部の三年間の事業計画はこうなっています。一年後の売上は×××、三年後には×××で……」

インタビューが終わり鈴木さんが退出した後、他の審査員と話し合った。残念ながら鈴木さんは、まだ自身の仕事からの学びが十分とはいえないと判断され、今回の認定は見送りになった。

次は、山田さんだ。

「山田さんは、ご自身の経験で、マーケティングとはどのようなものだと考えますか？」

鈴木さんの時と同じ質問をすると、山田さんは少し考えながら、たどたどしく話し始めた。

「マーケティングとは、ですか……。たぶん、指揮者のようなものなんでしょうね。実は私がいる事業部は、どの部門もバラバラでした。最初は私も困りました。そこで私は、各部門のリーダーや担当者と、顧客の課題に応えるには何をすべきかを徹底的に話し合いました。時間はかかりましたが、何をすべきかについて、全員の合意を得ることができました。そして互いに協業する仕組みを作りました。成果は上がり始めています。本当は、全部門がハーモニーを奏《かな》でるようにしたいんですよね。だから私は、マーケティングとはビジネスの総指揮者であるべきだと思います」

次も同じ質問をした。

「ご担当の業務分野について、山田さんご自身が考える今後三年間の戦略を教えてください」

山田さんは、この質問にも考えながら話し始めた。

「今は当事業部のビジネスは順調です。しかし、このまま進むとは思えません。お客様の業界はこれから三年間で急激にグローバル化が進み、海外との際限ない競争に陥ることは必至です。私たちの強みは、このようなお客様に×××を提供できることです。だからこれから三年間は、私たちはこの分野に投資すべきだと考えています。実は先日も、このために関係者と打ち合わせを始めたところです」

山田さんが退出した後、全審査員は山田さんを認定することで合意した。山田さんは日々の仕事から、プロフェッショナルとして自分ならではの学びをつかんで、成長を続けている。そう判断したのだ。

私が認定審査でこの二つの質問をしたのには、理由がある。実はこの二つの簡単な質問で、プロフェッショナルの力が分かるのだ。日頃の問題意識が問われるからだ。この質問の「マーケティング」は、「セールス」や「エンジニア」というように、さまざまな職種に置き換えてもいい。

最初の質問では、「ご自身の経験で」と前置きしている点が重要だ。鈴木さんのような教科書的な答えを求めてはいないのだ。インターネットで何でも検索できる現代、教科書を覚えれば誰でも答えられることは、価値を失っている。期待されているのは、山田さんのように、自分自身のプロフェッショナルな経験でつかんだ知恵だ。

二番目の質問でも、鈴木さんのような、事業計画を知っていれば誰でも話せる答えを求めてはいない。期待されているのは、いかに主体的に仕事に取り組んでいるかが分かる答えだ。与えられた仕事を言われるままにこなしていては、決して答えられない質問だ。山田さんのように、自分自身が仕事の主役になり、リーダーとして理想と現実とのギャップを考え、「具体的に何をいかに解決するのか。そして三年間の自分の仕事は、何がテーマなのか」を常に考え続けることが必要なのだ。

私は、後進のメンターを担当することも多い。その際にも、この二つの質問の「その人ならではの答え」を一緒に考えるようにしている。

「いや、自分は考えたこともないし、そんなものは持っていない」という人が多いのも事実。しかし数年間、十数年間、または数十年間取り組んできた仕事からは、誰でも自分しか持っていない学びを得ている。それを人に説明できるように整理していないだけなのだ。説明できるように整理することで、将来の目標と現在の課題も見えてくる。そしてこの二つの質問に対する自分だけの答えも見つかるのだ。

一度、仕事を通じて自分が得たものは何かを改めて考えて、棚卸《おろ》しと整理をすることをお勧めしたい。実際に行ってみると大変な作業だ。しかし、必ず大きな見返りがある。

この二つの質問をする際には、質問をする側にも力が求められる。相手の答えの後ろにある、大きく深い世界を受け止められる経験と知恵が必要だからだ。

この二つの質問に回答できるように、私たちは日頃から将来の目標と現在の課題を考えていたいものだ。そしてその質問をして回答を受け止められるように、自分自身を高めていきたいものだ。

2　一生の宝になる「戦略力」を、いかにして身につけるか？

「またトラブルか……」

私は頭を抱えた。数日来かかりっきりだったトラブルがやっと収束した矢先、また新たなトラブルに直面だ。やるべきことは、ますます増えていく。絶対的に時間が足りない。

二十代から三十代前半までの私は、想定してなかった問題に頻繁に出合い、そのたびに戸惑《とまど》い慌てて、その場その場でベストと思われる対応策を考え出し、そしてまた必死に取り組む、ということを繰り返しながら、いつも深夜まで仕事をしていた。

私が尊敬していた隣の部の部長は、いつもキッチリと成果を出す。それなのに、会社に遅くまで残っていることもない。休みもしっかり取って、世界中を旅し、人生を楽しんでいる。

ある日のこと、非常に困難だったが「絶対これは成功させよう！」と誰もが必死になって頑張った重要プロジェクトが無事に完了した。そこでチームメンバー一同で、この部長に報告に行った。部長は「素晴らしい成果だね。ありがとう」と、チームメンバーの労をねぎらってくれた。

後日、あるマネージャーから話を聞いて仰天した。

「オレ、部長に真っ先に『あのプロジェクト、成功しましたよ』って伝えたんだけど、部長、『へぇ。じゃあ、あのプロジェクトはあてにしてもいいんだ』って言っててさ。プロジェクトが失敗する前提で、既にプランを考えていたみたいだ。あの人、本当にすごいよ」

当時の私と部長の違い、それは「戦略思考」をしているかどうかだった。

部長は最初にあるべき姿を描く。現状を冷徹に分析し、問題点を把握する。そして問題を解決するための方策をいくつも考えておく。考え抜いた上で三重、四重のバックアッププランを持っているので、多少のトラブルはすべて想定内だ。あるべき姿を持っているので発言は常に首尾一貫しており、少々のことがあっても軸がぶれることはない。そして確実に成果を出す。部長は、戦略というものの本質を分かっていたのだ。

一方、当時の私は、あるべき姿を描いているつもりでいても実現性や具体性がなかったり、あるいはあるべき姿のレベルが低いことが多かった。方針を考えていてもバックアッププランを持っていなかった。つまり戦略がなく、日常業務に埋没《まいぼつ》していたのだ。

私は部長のような「戦略力」をいかにして身につけるかをいつも考え、試行錯誤してきた。そして現在は、多少なりとも「戦略力」を身につけた。

分かったことは、「戦略力」は才能ではなく、訓練で身につけられる力である、ということだ。

ただし、座学だけでは身につかない。

現場でひたすら仕事をするだけでも、身につかない。

現実の仕事を通じて壁にぶつかりながらつかみ取り、並行して方法論も学び、仕事で得た経験に方法論を当てはめて理解を深めることで、確実に身につき、自分自身の知恵となっていくのだ。

自分の経験で「戦略力」について語れるようになった時、その知恵は書物に書いてある形式知とは一線を画し、大きな輝きを放ち始めるのだ。そしていったん身につけるとその後も陳腐《ちんぷ》化せずに、一生の宝になるのだ。

この「戦略力」は、戦略企画部門だけに求められる力ではない。すべてのビジネスパーソンに求められる力だ。

私自身も実感している。マーケティングの戦略立案を通じて培った「戦略力」は、その直後に担当することになった人材育成の仕事でも大いに役立った。根本にある戦略を策定して実行する方法論は、マーケティングでも人材育成でも同じなのだ。そして他の多くの仕事も同様だ。

ではこの力を身につけるには、具体的にどのようにすればよいのだろうか？　ある高齢の禅宗の僧侶は、次のように語っている。

・真似《まね》を一日で止めたら、一日の真似だ。
・真似を二日で止めたら、二日の真似だ。
・しかし、一生真似を続けたら、それは学ぶということだ。

これは、「真似」から入って「学ぶ」ための心得を教えてくれる貴重な言葉だ。私も周りのあらゆる人たちから学んできた。

学ぶことは時間がかかる。しかし学ぶ努力は裏切らない。学びは確実に自分の中で蓄積されている。あたかも水の一滴、一滴が溜まっていき、大きな水溜まりになり、池になり、湖になり、大海になるようなものだ。

私は大学院で学んだ恩師に、次の言葉をいただいた。

「仕事が最高の学びの場です」

学びの場は至る所にある。そして人は苦しい時に最も学ぶ。日々悩み、時に苦しんでいる仕事の場が、実は最高の学びの場なのだ。

師匠となる人を見つけ、最初はスタイルを真似しながら、現実の仕事の場で試行錯誤しつつ実践し続けることで、「戦略力」も徐々に身についてくるのだ。

仮に身近に師匠がいなくても「私淑《ししゅく》する」という方法がある。著名人であっても私淑するのは私たちの自由だ。その人について学び「この人ならどうするか」ということを考える。それも一つの方法だ。

「戦略力」は、継続すれば必ず身につけることができる。そしてそれは、どんな仕事でも必ず役に立つのだ。

3 自分の仕事を「見える化」して説明できれば、自分の流儀を貫ける

私は数週間から数カ月単位の仕事を終えて一段落した時点で、いつも心がけていることがある。自分の仕事をパワーポイント等で一〇ページ程度にまとめて、いつでも他人に説明できるようにしておくのだ。そこでは次の内容をカバーしている。

- プロジェクトの目標：プロジェクトで何を目指したか？
- 現状分析：現状をどのように分析したのか？
- あるべき姿と現状、ギャップ：埋めるべきギャップは何か？
- 課題と方針：どの課題を、どのような方針で解決するのか？
- 実施案：具体的にどのように実施したのか？
- 成果：何が変わり、何を生み出したか？
- 学びと、次のアクション：今後、経験をどのように活かすか？

一九〇・一九一ページの図23は、この資料をまとめたサンプルのパワーポイントだ。この資料を作るために必要なチェックリストも用意した（一九二・一九三ページ、図24）。分かりやすい例として「顧客事例10倍増プロジェクト」を付記したので、参考にして欲しい。改めて、あなたの仕事に当てはめて考えてみると、本書で学んだ内容を、より深く定着できるだろう。

この資料があれば、自分の仕事を「見える化」し、誰にでも分かりやすく説明できるのだ。

実際には、仕事を終えてから資料を作り始めることはしない。仕事を行いながら適宜資料にまとめていく。それを現場やチームメンバーと共有する形で仕事を進める。こうすることで関係者全員が、プロジェクトが目指すところ、課題、戦略、進捗状況が把握できる。つまりこれは情報共有の仕組みでもあるのだ。そして関係者全員の知恵も取り込んで、プロジェクトの品質を高めていく。

仕事が完了した時点で、この一連のストーリーができ上がっていることになる。ここでき上がった資料は、まさにそのまま組織の改善活動を反映した資料となる。

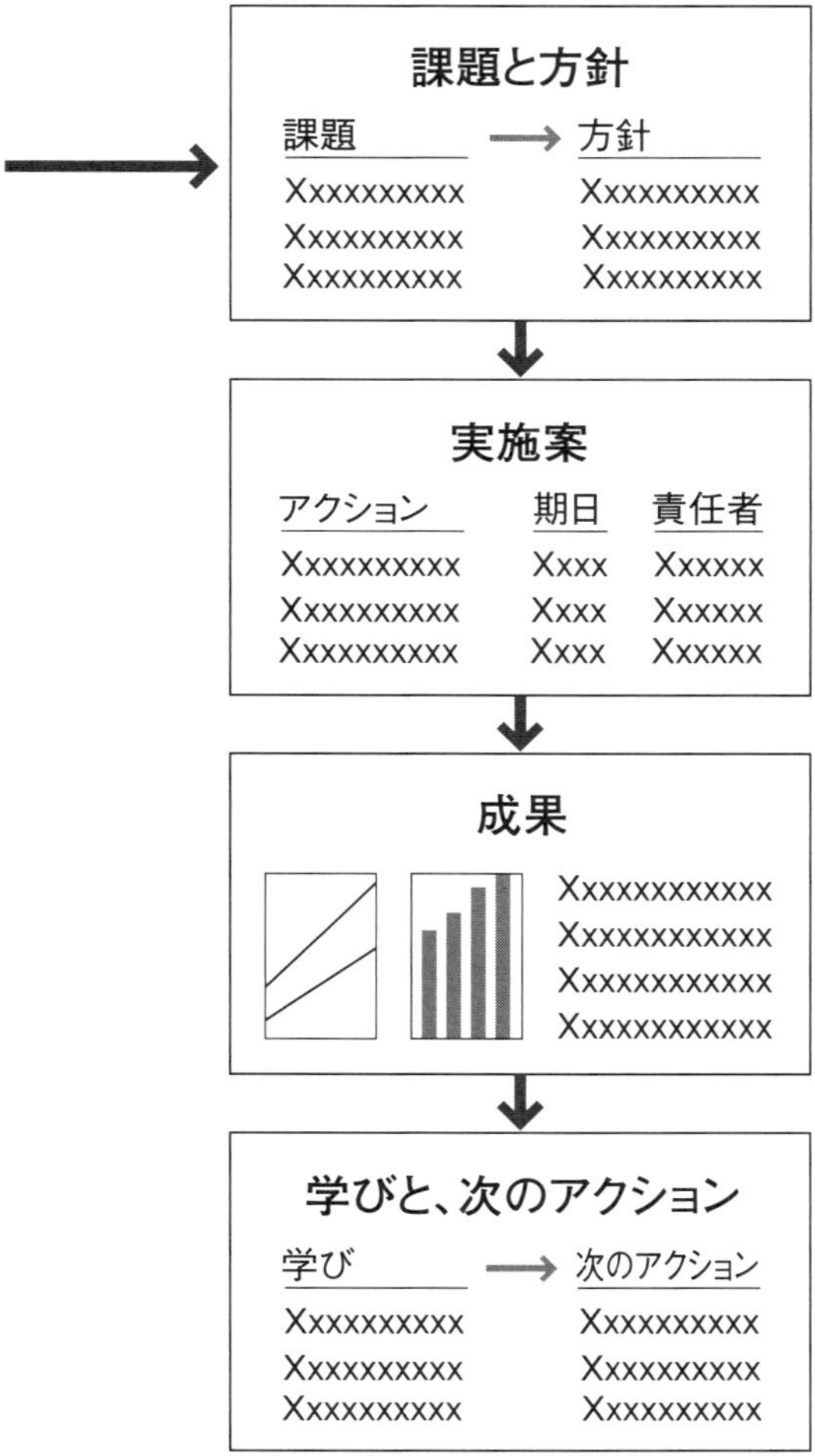
課題と方針
課題
方針
Xxxxxxxxxx
Xxxxxxxxxx
Xxxxxxxxxx
Xxxxxxxxxx
Xxxxxxxxxx
Xxxxxxxxxx
実施案
アクション
期日
責任者
Xxxxxxxxxx
Xxxx
Xxxxxx
Xxxxxxxxxx
Xxxx
Xxxxxx
Xxxxxxxxxx
Xxxx
Xxxxxx
成果
Xxxxxxxxxxxx
Xxxxxxxxxxxx
Xxxxxxxxxxxx
Xxxxxxxxxxxx
学びと、次のアクション
学び
次のアクション
Xxxxxxxxxx
Xxxxxxxxxx
Xxxxxxxxxx
Xxxxxxxxxx
Xxxxxxxxxx
Xxxxxxxxxx

図23　自分の仕事を「見える化」し、人に説明できるようにする

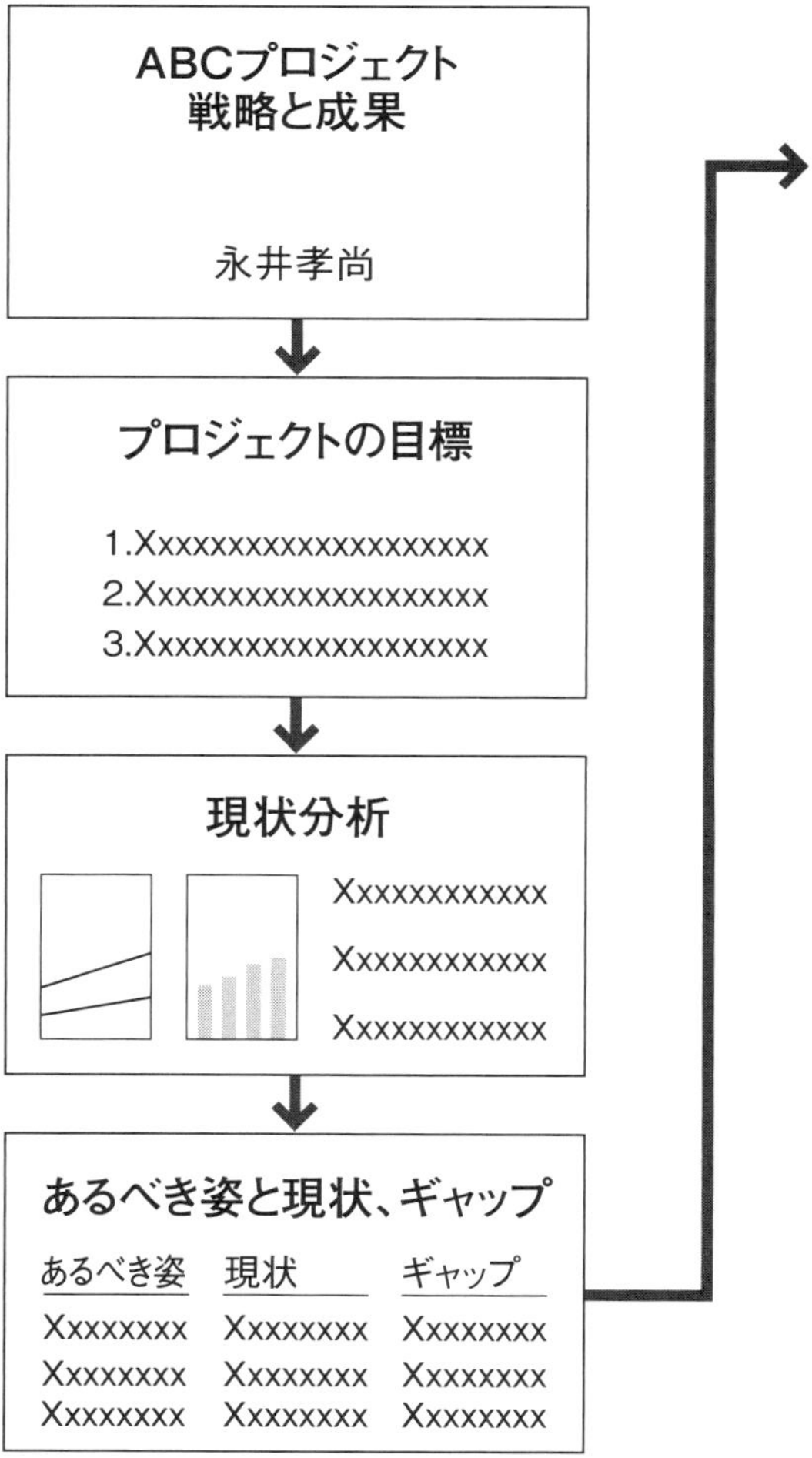

例:「顧客事例10倍増プロジェクト」
自社製品の顧客事例が少ない。事例数を増やし、見込み客の業務変革推進に役立てることで、売上増を図る
昨年作成した顧客事例は10件。自社製品数は50なので、事例は全製品の20%しかない。しかも、対前年5割減少
あるべき姿:年内全製品2事例作成→合計100事例作成 現状:10事例(あるべき姿の1/10) ギャップ:年内事例数を、昨年の10倍に増やす
[課 題]　[方 針] 事例候補を誰も把握していない→販売中案件から選定する 現場は事例作成の余裕がない →専任者を任命する 事例作成予算がない →予算措置を図る
[アクション]　[期日](責任者) 全体プランの合意 ………… 1月15日(企画主任) 専任者の任命 …………… 1月20日(企画課長) 予算承認と執行 ………… 1月20日(財務課長+企画課長) 案件進捗会議開始……… 2月1日から毎月(任命された専任者) プロジェクト進捗報告 ……. 四半期毎(企画主任)
事例数が拡大した 第1四半期: 1月(0件)、2月(3件)、3月(7件)…累計10件(前年同期比+400%) 第2四半期: 4月(8件)、5月(8件)、6月(8件)…累計34件(前年同期比+680%)
・多くの人が事例の必要性を認識し、協力的だった。仕組みを作ることでスムーズに動き始めた ・一方、本来自分で行うべき担当者が、専任者に頼りすぎな面もあった →専任者なしでも動けるように仕組みを簡略化し、定着させる必要あり

図24　仕事の「見える化」チェックリスト

項目	ポイント
プロジェクトの目標	顧客から見て、どのような価値を提供するのか?
現状分析	定性的・定量的に示す
あるべき姿と現状、ギャップ	あるべき姿:目標達成時に実現する状態 現状:目標に対して、今はどうか? ギャップ:あるべき姿と現状の差
課題と方針	ギャップを埋める上での課題は何か? その課題を解決するための戦略は具体的に何か?
実施案	何を、誰が、いつまでに行うのか? (それぞれの責任者の合意が必要)
成果	現状分析の時点から、具体的にどのように改善したのか? (「国語」でなく、「数字」で示す)
学びと、次のアクション	プロジェクトで、うまくいったこと、うまくいかなかったことは何か? その経験は、今後のビジネスでどのように活かせるのか?

言い換えれば、この仕組みは日々の業務に仮説検証プロセスを組み込んだものとも言える。出発点が仮説なので、振り返ってみて仮説を作り直すことも頻繁にある。しかしそれでいいのだ。なぜなら着実に前のステップに戻って修正し、経験を次に活かすことこそ、仮説検証プロセスの本質だからだ。このプロセスを仕事に組み込んで、着実に改善していくことで、仕事の質は確実に上がるのだ。

仕事が「見える化」できないまま仕事を進めても、仮説検証はできないし、組織に学びの蓄積もできない。チームメンバーとの情報共有もなかなか進まない。

ニューヨーク・ヤンキースのイチロー選手は、NHKの『プロフェッショナル　仕事の流儀』に出演した際に、「自分のやり方を貫く方法」として次の四つを挙げている。

・自分自身の自己評価が、一番厳しいこと。
・さらに、結果を示すこと。
・その上で、言葉で説明できること。
・自分の可能性を広げるには、自分で自分を教育していくしかない。

自分の仕事を自分で「見える化」し、結果を出して、自分で評価し、かつ自分で説明できること。

これを継続することで、あなたも仕事で自分の流儀を貫くことができるのだ。イチロー選手のように。

おわりに

本書は私の原点である。本書は二〇〇八年に自費出版した処女作『戦略プロフェッショナルの心得』、および二〇一一年に自費出版した『バリュープロポジション戦略 50の作法』の二冊をベースに、大幅に書き直したものだからだ。

二〇一三年、PHP研究所から「永井さんが自費出版した『戦略プロフェッショナルの心得』をPHPから出版してみませんか?」というお話をいただき、久しぶりにこの二冊を読み直してみた。そして現在の講演活動や著作活動のコンテンツのうち、多くの原型がここに書かれていることを改めて発見した。「作家は処女作に向かって成長していく」という言葉をまさに実感した。

そこで本書では、『戦略プロフェッショナルの心得』および『バリュープロポジション戦略 50の作法』で取り上げた事例を最新事例に書き直し、その後の私自身のさまざまな経験を加える一方で、表現をよりシンプルに分かりやすくした。その結果、オリジナル二作の原形を留めないほど書き直した本となった。

ここで、処女作『戦略プロフェッショナルの心得』を書いた背景についてご紹介したい。実はこの本は、私が現在の活動を始めるに至った原点でもあるのだ。

英語で「ギブ・バック」という言葉がある。「お返しする」という意味だ。

私は以前より、自分がビジネスパーソンとして学んできたことを、本に書きたいと考えてきた。仕事を通じて私が成長してきたのは、職場での諸先輩方に加えて、それまで読んださまざまな本を書かれた著者のおかげだ。だから私もお返しがしたい。まさに世の中に「ギブ・バック」をしたいと考えていたのだ。

しかし一会社員に過ぎなかった私は、出版社に知り合いは皆無だった。電子書籍も普及していない当時、本を出版したことがない一会社員が本を出版する確実な方法は、自費出版だったのだ。幸い、個人が自費出版する壁は低くなっていた。半年かけて『戦略プロフェッショナルの心得』を書き上げ、七〇万円かけて二〇〇〇冊印刷し、アマゾンのe託販売サービス™を活用して販売したところ、ありがたいことに四年間で二〇〇〇冊を完売できた。その後自費出版した『バリュープロポジション戦略 50の作法』は、二回の増刷を経て五〇〇〇冊印刷し、出版して二年が経った二〇一三年八月現在で四五〇〇冊を販売している。

一方で、『戦略プロフェッショナルの心得』を自費出版したことで、編集者から「本を一冊書く力量がある」と認められた。そして会社勤務と並行して、出版社から本を出す機会をいただくようになった。そのような活動を継続した結果、シリーズ五〇万部のベストセラーとなった『100円のコーラを1000円で売る方法』も生まれたのだ。

日本の会社員の多くは会社のインサイダーの存在だ。なかなか自分の意見を表明しないし、ましてや情報発信などはしない。しかしアジアや欧米のビジネスパーソンと仕事をしている人はお分かりの通り、海外のビジネスパーソンは積極的に自分の意見を表明する。間違った意見も多いが、自分の意見を表明することで誤りを指摘され、それに気づくことで成長するのだ。情報発信は、自分自身を成長させる方法であり、学びを共有することでよりよい世の中を創る方法でもあるのだ。

だから私は、ビジネスパーソンが主体的に自分の学びを情報発信することで、日本のビジネスパーソンは強くなり、日本は変わっていくと考え、著作活動を続けている。

この考えに賛同をいただいて、二〇一三年からは多摩大学大学院で客員教授として「ビジネスパーソンの出版戦略」という講義を担当させていただくことになった。

これらはすべて、この『戦略プロフェッショナルの心得』が出発点だった。この原点となる本を書き直す機会をくださり、さまざまなアドバイスをくださったＰＨＰ研究所新書出版部の木南勇二様には心から感謝申し上げたい。

『戦略プロフェッショナルの心得』を自費出版した際には、実にさまざまな方々のご支援をいただいた。当時の勤務先である日本ＩＢＭのお客様や同僚・上司の皆さん、多摩大学大学院で一緒に学んだ社会人大学院の先生方や同窓生、ブログを執筆しているオルタナティブブログのブロガー仲間やＩＴｍｅｄｉａの皆さん、これら多くの方々のサポートがなければ、『戦略プロフェッショナルの心得』は生まれなかったし、その後の執筆活動もなく、本書も生まれなかった。改めて皆さんとのご縁に感謝したい。

また、私の本の読者の方々からは、色々な形で励ましをいただいている。本当にありがたいことだ。

最後に妻の千佳へ。五十歳を過ぎて独立したいという私を全面的に支援し、執筆活動を支えてくれる彼女がいなければ、本書もまた生まれなかった。改めて感謝したい。

二〇一三年八月　盛夏の東京にて

永井孝尚

参考文献

(1) 黒瀬直宏「潜在ニーズを探る　問題意識がビジネス生む」日刊工業新聞、二〇〇七年六月六日
(2) セオドア・レビット『T・レビット　マーケティング論』ダイヤモンド社、二〇〇七年
(3) ジェームズ・C・アンダーソン他「バリュー・プロポジションへの共感を促す――法人営業は提案力で決まる」ハーバード・ビジネス・レビュー、二〇〇六年十月号、ダイヤモンド社
(4) 藤田康人「私のビジネステク　キシリトールを広める」NIKKEIプラス1、二〇〇七年一月十三日／二〇〇七年一月二十七日
(5) ヘンリー・ミンツバーグ他『戦略サファリ――戦略マネジメント・コンプリート・ガイドブック　第2版』東洋経済新報社、二〇一二年
(6) 辻俊彦『愚直に積め！――キャピタリストが語る経営の王道・99』東洋経済新報社、二〇〇八年
(7) マイケル・E・ポーター『競争戦略論I』ダイヤモンド社、一九九九年
(8)「社員14名の世界企業コミー　信用が信用を生む、小さな市場の生存戦略」日経トップリーダー、二〇〇九年八月号

(9)「金融ニッポン　第7部　変革の波3　日生に挑んだ男」日本経済新聞、二〇一三年七月十二日
(10)「まだコストダウン競争ですか？　日本一売る！　逆風を商機に変えた人たち」日経ビジネス、二〇〇六年十月二十三日号
(11)新原浩朗『日本の優秀企業研究――企業経営の原点　6つの条件』日本経済新聞社、二〇〇三年
(12)星野克美編著『文化・記号のマーケティング』国元書房、一九九三年
(13)田坂広志『まず、戦略思考を変えよ――戦略マネージャー　8つの心得』ダイヤモンド社、二〇〇一年
(14)ジェフリー・ムーア『キャズム――ハイテクをブレイクさせる「超」マーケティング理論』翔泳社、二〇〇二年
(15)「なぜ、社員10人でも分かり合えないのか？　コミーに学ぶ　超コミュニケーション術」日経トップリーダー、二〇一〇年五月号
(16)デービット・A・アーカー他『ブランド・リーダーシップ――「見えない企業資産」の構築』ダイヤモンド社、二〇〇〇年
(17)サム・ウォルトン、ジョン・ヒューイ共著『ロープライスエブリデイ』同文書院インターナシ

ョナル、一九九二年
(18) W・チャン・キム他『ブルー・オーシャン戦略――競争のない世界を創造する』ランダムハウス講談社、二〇〇五年
(19) クレイトン・クリステンセン『イノベーションのジレンマ――技術革新が巨大企業を滅ぼすとき〈増補改訂版〉』翔泳社、二〇〇一年
(20) クレイトン・クリステンセン他『イノベーションへの解――利益ある成長に向けて』翔泳社、二〇〇三年
(21) 田坂広志『複雑系の経営――「複雑系の知」から経営者への七つのメッセージ』東洋経済新報社、一九九七年
(22) 田坂広志『知的プロフェッショナルへの戦略――知識社会で成功するビジネスマン 11の心得』講談社、二〇〇二年
(23) トム・ダンカン他『ブランド価値を高める統合型マーケティング戦略』ダイヤモンド社、一九九九年
(24) スティーブン・ブラウン『ポストモダン・マーケティング――「顧客志向」は捨ててしまえ!』ダイヤモンド社、二〇〇五年
(25) M・E・ポーター『新訂　競争の戦略』ダイヤモンド社、一九九五年

(26)　山本七平『「空気」の研究』文藝春秋、一九八三年
(27)　山本七平『日本資本主義の精神』文藝春秋、一九九七年
(28)　冷泉彰彦『「関係の空気」「場の空気」』講談社、二〇〇六年
(29)　田中陽『セブン‐イレブン　終わりなき革新』日本経済新聞出版社、二〇一二年
(30)　山本七平『日本はなぜ敗れるのか——敗因21ヵ条』角川書店、二〇〇四年
(31)　「アップルの改革は『パソコンが欲しい人を狙わない』こと～日本マクドナルド　会長兼社長原田泳幸氏（2）」日経ビジネスＯＮＬＩＮＥ、二〇〇八年三月二十七日
(32)　ヘンリー・ミンツバーグ『ＭＢＡが会社を滅ぼす——マネジャーの正しい育て方』日経ＢＰ社、二〇〇六年
(33)　ヘンリー・ミンツバーグ「ＭＢＡ型リーダーは企業を破綻させる　米国をまねる日本企業の落とし穴」日経ビジネスＯＮＬＩＮＥ、二〇〇七年五月二十一日
(34)　「仕事の速い上司になる『仮説思考』のススメ」ＩＴｍｅｄｉａエグゼクティブ、二〇〇七年四月二十四日
(35)　伊丹敬之他編著『松下電器の経営改革』有斐閣、二〇〇七年

帯写真：平松英明

PHP
Business Shinsho

永井　孝尚（ながい・たかひさ）

多摩大学大学院客員教授、オフィス永井株式会社代表。

1984年に慶應義塾大学工学部を卒業。同年、日本アイ・ビー・エム株式会社に入社。

ＩＢＭ大和研究所の商品プランナーとしてグループウェア製品を企画、セールスとして全国を飛び回り、３年間で多くの大規模案件を獲得。その後、製品開発マネージャーとしてお客様をサポート。1998年よりマーケティングマネージャーに転じて、ＣＲＭソリューションのマーケティング戦略策定・実施を担当。日本市場シェア１位と市場認知度１位獲得に貢献。ソフトウェア事業の事業戦略を担当後、人材育成責任者に就任し、人材育成を通じて事業部のビジネス拡大に貢献。

2013年６月に日本アイ・ビー・エム株式会社を退職。同年７月、オフィス永井株式会社を設立。また2013年４月より多摩大学大学院客員教授に就任。

主な著書に、シリーズ50万部となった『100円のコーラを1000円で売る方法』（全３巻）、『コミック版　100円のコーラを1000円で売る方法』『残業３時間を朝30分で片づける仕事術』（以上、中経出版）などがある。

PHPビジネス新書 294

「戦略力」が身につく方法

「現場を動かす力」とは何か

2013年10月２日　第１版第１刷発行

著　者　永井孝尚
発行者　小林成彦
発行所　株式会社ＰＨＰ研究所
東京本部　〒102-8331　千代田区一番町21
新書出版部　☎03-3239-6298（編集）
普及一部　☎03-3239-6233（販売）
京都本部　〒601-8411　京都市南区西九条北ノ内町11
PHP INTERFACE　http://www.php.co.jp/
装　幀　齋藤稔
制作協力・組版　株式会社PHPエディターズ・グループ
印刷所　共同印刷株式会社
製本所　東京美術紙工協業組合

ISBN978-4-569-81294-6

「ＰＨＰビジネス新書」発刊にあたって

わからないことがあったら「インターネット」で何でも一発で調べられる時代。本という形でビジネスの知識を提供することに何の意味があるのか……その一つの答えとして「**血の通った実務書**」というコンセプトを提案させていただくのが本シリーズです。

経営知識やスキルといった、誰が語っても同じに思えるものでも、ビジネス界の第一線で活躍する人の語る言葉には、独特の迫力があります。そんな、「**現場を知る人が本音で語る**」知識を、ビジネスのあらゆる分野においてご提供していきたいと思っております。

本シリーズのシンボルマークは、理屈よりも実用性を重んじた古代ローマ人のイメージです。彼らが残した知識のように、本書の内容が永きにわたって皆様のビジネスのお役に立ち続けることを願っております。

二〇〇六年四月

ＰＨＰ研究所

PHPビジネス新書

伝える力

「話す」「書く」「聞く」能力が仕事を変える！

池上　彰　著

わかっているつもり、では伝わりません。伝えるために話すこと、書くこと、聞くことを徹底して考えたジャーナリストの究極の方法とは？

定価八四〇円
（本体八〇〇円）
税五％

PHPビジネス新書

伝える力 2

もっと役立つ！「話す」「書く」「聞く」技術

池上 彰 著

一六〇〇万部突破のベストセラー、ついに続編が登場。もっと伝わる話す・書く・聞く技術はもちろん、敬語やツイッターなど新トピックスも！

定価八四〇円
（本体八〇〇円）
税五％